Tipps für die Erziehung eines 2-5-jährigen Knaben

Inhaltsverzeichnis

Tipps für die Erziehung eines 2-5-jährigen Knaben

1. Willkommen in der Welt eines kleinen Abenteurers

Die Welt eines 2-5-jährigen Jungen ist voller Abenteuer, Entdeckungen und unendlicher Neugier. In diesem Alter entwickelt sich dein Kind rasant – körperlich, emotional und kognitiv. Es ist eine Zeit, in der die Grundsteine für seine Persönlichkeit, seine sozialen Fähigkeiten und sein Selbstbewusstsein gelegt werden. Als Eltern steht ihr vor der spannenden Aufgabe, euren kleinen Abenteurer liebevoll zu begleiten und ihm die nötigen Werkzeuge an die Hand zu geben, um die Welt zu erkunden.

1.1 Warum Jungen anders sind – oder auch nicht

Es ist kein Geheimnis, dass Jungen oft als energiegeladener und risikofreudiger beschrieben werden als Mädchen. Studien zeigen, dass Jungen in diesem Alter tendenziell mehr körperliche Aktivität zeigen und oft ein stärkeres Bedürfnis haben, ihre Umgebung durch Bewegung und Erkundung zu erfassen. Das bedeutet jedoch nicht, dass alle Jungen gleich sind oder dass Mädchen nicht ebenso abenteuerlustig sein können. Jedes Kind ist einzigartig, und es ist wichtig, die individuellen Bedürfnisse und Interessen deines Sohnes zu erkennen und zu fördern.

Tipp: Beobachte dein Kind genau. Was macht ihm besonders viel Spaß? Ist es das Klettern auf Bäume, das Bauen mit Bausteinen oder das Malen von Bildern? Indem du seine Interessen erkennst, kannst du ihm gezielte Anreize bieten, die seine Entwicklung fördern.

1.2 Der Start ins turbulente Kleinkindalter

Mit etwa zwei Jahren beginnt die sogenannte „Trotzphase", die oft als eine der herausforderndsten Phasen in der Erziehung empfunden wird. Dein Kind beginnt, seinen eigenen Willen zu entwickeln und möchte diesen auch durchsetzen. Das kann zu Konflikten führen, aber es ist auch ein wichtiger Schritt in der Entwicklung seiner Persönlichkeit.

Beispiel: Stell dir vor, dein Sohn möchte unbedingt alleine die Treppe hinaufgehen, obwohl du es eilig hast. Anstatt ihn zu drängen, nimm dir einen Moment Zeit und lass ihn es versuchen. Dies fördert nicht nur seine motorischen Fähigkeiten, sondern auch sein Selbstbewusstsein.

Tipp: Sei geduldig und gib deinem Kind Raum, um Dinge selbst auszuprobieren. Auch wenn es länger dauert, unterstützt du damit seine Unabhängigkeit und sein Selbstvertrauen.

1.3 Die ersten Jahre: Neugier, Mut und Unabhängigkeit

In den ersten Jahren entwickelt dein Kind eine unglaubliche Neugier für die Welt um sich herum. Es stellt Fragen, experimentiert und testet Grenzen aus. Diese Neugier ist der Antrieb für sein Lernen und seine Entwicklung.

Tipp: Schaffe eine sichere Umgebung, in der dein Kind seine Neugier ausleben kann. Räume gefährliche Gegenstände weg und gestalte seinen Spielbereich so, dass er frei und sicher erkunden kann.

Beispiel: Wenn dein Sohn im Garten spielt, lass ihn ruhig im Dreck wühlen oder Steine sammeln. Diese sinnlichen Erfahrungen sind wichtig für seine Entwicklung und helfen ihm, die Welt zu begreifen.

1.4 Wie Eltern eine liebevolle Führung bieten können

Als Eltern seid ihr die wichtigsten Bezugspersonen eures Kindes. Eure Aufgabe ist es, eine liebevolle Führung zu bieten, die Sicherheit und Orientierung gibt, ohne die natürliche Neugier und den Entdeckerdrang einzuschränken.

Tipp: Sei ein Vorbild. Zeige deinem Kind, wie man respektvoll und freundlich mit anderen umgeht, und erkläre ihm, warum bestimmte Regeln wichtig sind. Zum Beispiel: „Wir tragen im Auto immer einen Gurt, damit wir sicher sind."

Beispiel: Wenn dein Sohn beim Spielen frustriert ist, weil etwas nicht klappt, zeige ihm, wie er das Problem lösen kann, anstatt es für ihn zu tun. Dies fördert seine Problemlösungsfähigkeiten und sein Durchhaltevermögen.

1.5 Geschichten als Erziehungswerkzeug

Geschichten sind ein wunderbares Werkzeug, um Werte, Emotionen und soziale Fähigkeiten zu vermitteln. Sie helfen Kindern, komplexe Situationen zu verstehen und sich in andere hineinzuversetzen.

Tipp: Wähle Geschichten aus, die Themen behandeln, die für dein Kind relevant sind, wie Teilen, Freundschaft oder Mut. Diskutiere anschließend über die Geschichte und frage, wie sich die Charaktere gefühlt haben und warum sie so gehandelt haben.

Beispiel: Wenn dein Sohn Schwierigkeiten hat, sich von seinem Spielzeug zu trennen, könntest du eine Geschichte über das Teilen erzählen und ihn fragen, wie er sich fühlen würde, wenn ein Freund sein Spielzeug nicht mit ihm teilen würde.

In den ersten Jahren deines Sohnes geht es darum, eine Balance zwischen Führung und Freiraum zu finden. Indem du seine Neugier unterstützt, ihm Sicherheit bietest und ihm hilfst, seine Emotionen zu verstehen, legst du den Grundstein für eine gesunde und glückliche Entwicklung. Nutze die Kraft von Geschichten, Ritualen und liebevoller Konsequenz, um deinen kleinen Abenteurer auf seinem Weg zu begleiten.

2. Die Sprache der Kinder verstehen

Die Kommunikation mit einem 2-5-jährigen Kind kann manchmal eine Herausforderung sein. In diesem Alter entwickeln Kinder ihre sprachlichen Fähigkeiten rasant, aber sie sind noch weit davon entfernt, sich so ausdrücken zu können wie Erwachsene. Oft fühlen sich Eltern frustriert, wenn ihr Kind scheinbar nicht „hört" oder nicht in der Lage ist, seine Bedürfnisse klar zu äußern. Doch hinter diesem Verhalten steckt mehr, als man auf den ersten Blick vermuten könnte. In diesem Kapitel geht es darum, die Sprache deines Kindes besser zu verstehen – nicht nur die gesprochenen Worte, sondern auch die Körpersprache, die Mimik und die Emotionen, die dahinterstehen.

2.1 Warum dein Sohn dich manchmal nicht „hört"

Es ist ein häufiges Phänomen: Du sagst deinem Sohn, er soll sein Spielzeug aufräumen, und er scheint völlig taub zu sein. Doch bevor du denkst, er ignoriert dich absichtlich, solltest du bedenken, dass Kinder in diesem Alter noch nicht über die gleichen kognitiven Fähigkeiten verfügen wie Erwachsene. Sie sind oft so in ihre Aktivitäten vertieft, dass sie äußere Reize einfach ausblenden.

Tipp: Anstatt aus der Ferne zu rufen, gehe zu deinem Kind, kniete dich auf seine Augenhöhe und sprich mit ruhiger Stimme. Stelle sicher, dass du seine Aufmerksamkeit hast, bevor du eine Bitte äußerst. Zum Beispiel: „Lukas, schau mich bitte an. Wir räumen jetzt die Bausteine zusammen weg, okay?"

Beispiel: Wenn dein Sohn beim Spielen im Sandkasten völlig vertieft ist und nicht reagiert, wenn du ihn zum Essen rufst, gehe zu ihm hin und berühre ihn sanft an der

Schulter. So signalisierst du, dass du seine Aufmerksamkeit brauchst, ohne ihn aus seiner Konzentration zu reißen.

2.2 Körpersprache und Mimik als Kommunikationsmittel

Kinder in diesem Alter drücken viel über ihre Körpersprache und Mimik aus. Ein gesenkter Kopf, verschränkte Arme oder ein trotziger Blick können mehr über ihre Gefühle verraten als ihre Worte. Es ist wichtig, diese nonverbalen Signale zu erkennen und darauf einzugehen.

Tipp: Achte auf die Körpersprache deines Kindes. Wenn es zum Beispiel die Arme verschränkt und den Kopf wegdreht, könnte es frustriert oder überfordert sein. Frage dann: „Ich sehe, dass du wütend bist. Möchtest du mir sagen, was los ist?"

Beispiel: Wenn dein Sohn nach einem Streit mit einem Spielkameraden traurig wirkt, aber nicht darüber sprechen möchte, könntest du sagen: „Ich sehe, dass du traurig bist. Manchmal hilft es, wenn man darüber redet. Ich bin für dich da, wenn du bereit bist."

2.3 Der Unterschied zwischen „Trotz" und echten Bedürfnissen

Oft wird das Verhalten von Kindern als „Trotz" interpretiert, aber dahinter stecken oft unerfüllte Bedürfnisse. Vielleicht ist dein Sohn müde, hungrig oder überfordert, kann dies aber noch nicht klar ausdrücken. Es ist wichtig, zwischen Trotzreaktionen und echten Bedürfnissen zu unterscheiden.

Tipp: Beobachte, ob es bestimmte Situationen gibt, in denen dein Kind häufiger „trotzig" reagiert. Vielleicht ist es immer nach dem Kindergarten besonders reizbar. In diesem Fall könnte es einfach übermüdet sein und Ruhe brauchen.

Beispiel: Wenn dein Sohn im Supermarkt einen Wutanfall bekommt, weil er unbedingt einen Schokoriegel haben möchte, könnte dies nicht nur ein Trotzanfall sein, sondern auch ein Zeichen von Hunger oder Überreizung. Versuche, ihm vor dem Einkauf eine kleine Mahlzeit zu geben oder ihn in die Planung einzubeziehen, indem du ihm die Wahl zwischen zwei gesunden Snacks lässt.

2.4 Aktives Zuhören: Was dein Kind wirklich sagt

Aktives Zuhören bedeutet, nicht nur die Worte deines Kindes zu hören, sondern auch die Emotionen und Bedürfnisse dahinter zu verstehen. Es geht darum, empathisch zu reagieren und deinem Kind das Gefühl zu geben, dass es verstanden wird.

Tipp: Wiederhole das, was dein Kind gesagt hat, um sicherzustellen, dass du es richtig verstanden hast. Zum Beispiel: „Du sagst also, dass du wütend bist, weil dein Turm umgefallen ist. Das kann wirklich frustrierend sein."

Beispiel: Wenn dein Sohn weinend zu dir kommt, weil sein Freund sein Spielzeug nicht teilen wollte, könntest du sagen: „Ich verstehe, dass du traurig bist, weil du mit dem Spielzeug spielen wolltest. Vielleicht können wir zusammen etwas anderes finden, das Spaß macht."

2.5 Konflikte liebevoll und konsequent lösen

Konflikte sind ein natürlicher Bestandteil des Zusammenlebens, aber sie bieten auch die Möglichkeit, soziale Fähigkeiten zu lernen. Es ist wichtig, Konflikte liebevoll und konsequent zu lösen, ohne dabei die Bedürfnisse deines Kindes zu übergehen.

Tipp: Zeige deinem Kind, wie man Konflikte friedlich löst, indem du ruhig bleibst und Lösungen vorschlägst. Zum Beispiel: „Ich sehe, dass ihr beide mit dem gleichen Spielzeug spielen wollt. Wie wäre es, wenn ihr abwechselnd spielt?"

Beispiel: Wenn dein Sohn und sein Freund sich um ein Spielzeug streiten, könntest du sie fragen: „Was können wir tun, damit ihr beide glücklich seid?" So förderst du ihre Fähigkeit, Kompromisse zu schließen und gemeinsam Lösungen zu finden.

Die Sprache der Kinder zu verstehen, bedeutet mehr als nur ihre Worte zu hören. Es geht darum, ihre Emotionen, Bedürfnisse und nonverbale Kommunikation zu erkennen und darauf einzugehen. Indem du aktiv zuhörst, empathisch reagierst und Konflikte liebevoll löst, schaffst du eine vertrauensvolle Beziehung zu deinem Kind und hilfst ihm, seine sozialen und emotionalen Fähigkeiten zu entwickeln.

3. Wutausbrüche und Trotzanfälle – und wie man damit umgeht

Wutausbrüche und Trotzanfälle gehören zu den größten Herausforderungen im Umgang mit 2-5-jährigen Kindern. Sie können anstrengend, verwirrend und manchmal sogar peinlich sein, besonders wenn sie in der Öffentlichkeit stattfinden. Doch hinter diesen emotionalen Ausbrüchen steckt oft mehr, als man auf den ersten Blick sieht. In diesem Kapitel geht es darum, die Ursachen von Wutausbrüchen zu verstehen, warum sie sogar ein gutes Zeichen sein können, und wie du als Eltern gelassen und liebevoll damit umgehen kannst.

3.1 Der Supermarkt-Moment: Ein Drama in fünf Akten

Jeder kennt ihn: den berüchtigten Supermarkt-Moment. Dein Sohn sieht die Süßigkeiten im Regal, und plötzlich eskaliert die Situation. Er schreit, weint und wirft sich vielleicht sogar auf den Boden. Was tun?

Tipp: Versuche, solche Situationen im Voraus zu vermeiden, indem du klare Regeln festlegst. Zum Beispiel: „Wir kaufen heute nur das, was auf der Einkaufsliste steht." Wenn der Trotzanfall trotzdem kommt, bleibe ruhig und zeige Verständnis, ohne nachzugeben. Sage zum Beispiel: „Ich verstehe, dass du den Schokoriegel haben möchtest, aber wir haben uns darauf geeinigt, dass wir heute keinen kaufen."

Beispiel: Wenn dein Sohn im Supermarkt einen Wutanfall bekommt, weil er unbedingt einen Ball haben möchte, könntest du sagen: „Ich sehe, dass du den Ball wirklich gerne hättest. Vielleicht können wir ihn auf deine Wunschliste setzen und ihn zu einem besonderen Anlass kaufen."

3.2 Warum Trotz ein gutes Zeichen ist

Auch wenn es schwer zu glauben ist: Trotzanfälle sind ein Zeichen für eine gesunde Entwicklung. Sie zeigen, dass dein Kind beginnt, seinen eigenen Willen zu entwickeln und sich als eigenständige Person zu begreifen. Es lerzt, Grenzen zu testen und seine Emotionen auszudrücken – auch wenn das manchmal auf eine sehr laute und dramatische Weise geschieht.

Tipp: Sieh Trotzanfälle nicht als persönlichen Angriff, sondern als eine Phase, die zur Entwicklung dazugehört. Dein Kind lerzt gerade, mit Frustration und Enttäuschung umzugehen, und braucht dabei deine Unterstützung.

Beispiel: Wenn dein Sohn wütend wird, weil er nicht noch länger auf dem Spielplatz bleiben darf, könntest du sagen: „Ich verstehe, dass du enttäuscht bist. Es macht so viel Spaß hier zu spielen, aber jetzt ist es Zeit nach Hause zu gehen. Wir können morgen wieder kommen."

3.3 Bleib ruhig, Mama und Papa – Strategien zur Deeskalation

Eines der wichtigsten Dinge, die du in einer Trotzphase tun kannst, ist selbst ruhig zu bleiben. Kinder spüren die Emotionen ihrer Eltern und reagieren darauf. Wenn du gestresst oder wütend wirst, kann dies die Situation noch verschlimmern.

Tipp: Atme tief durch und zähle innerlich bis zehn, bevor du reagierst. Versuche, deine Stimme ruhig und gelassen zu halten, auch wenn es schwerfällt. Sage zum Beispiel: „Ich sehe, dass du sehr wütend bist. Lass uns zusammen atmen und dann reden wir darüber."

Beispiel: Wenn dein Sohn schreit und weint, weil er nicht das bekommt, was er möchte, könntest du sagen: „Ich verstehe, dass du wütend bist. Lass uns zusammen tief ein- und ausatmen, damit wir uns besser fühlen."

3.4 Nein sagen und Grenzen setzen

Grenzen sind wichtig für die Entwicklung deines Kindes. Sie geben Sicherheit und helfen ihm, sich in der Welt zurechtzufinden. Doch das Setzen von Grenzen kann schwierig sein, besonders wenn dein Kind mit Wutausbrüchen reagiert.

Tipp: Sei konsequent, aber liebevoll. Erkläre deinem Kind, warum bestimmte Regeln wichtig sind, und bleibe dabei, auch wenn es protestiert. Zum Beispiel: „Ich weiß, dass du gerne noch fernsehen möchtest, aber es ist Zeit fürs Bett. Schlaf ist wichtig, damit du morgen wieder voller Energie bist."

Beispiel: Wenn dein Sohn nicht ins Bett gehen möchte, könntest du sagen: „Ich verstehe, dass du noch spielen möchtest, aber jetzt ist Schlafenszeit. Morgen kannst du weiter spielen."

3.5 Selbstregulation spielerisch fördern

Selbstregulation ist die Fähigkeit, die eigenen Emotionen und Impulse zu kontrollieren. Diese Fähigkeit entwickelt sich langsam und braucht Übung. Du kannst deinem Kind dabei helfen, indem du spielerische Methoden einsetzt.

Tipp: Nutze Spiele und Aktivitäten, die deinem Kind helfen, seine Emotionen zu regulieren. Zum Beispiel könntest du ein „Atemspiel" machen, bei dem ihr gemeinsam tief ein- und ausatmet, oder ein „Gefühlsbarometer" erstellen, das deinem Kind hilft, seine Emotionen zu benennen.

Beispiel: Wenn dein Sohn wütend ist, könntest du vorschlagen: „Lass uns ein Spiel spielen. Wir atmen tief ein und zählen bis fünf, dann atmen wir langsam aus. Das hilft uns, uns zu beruhigen.“

Wutausbrüche und Trotzanfälle sind eine normale und wichtige Phase in der Entwicklung deines Kindes. Indem du ruhig bleibst, Grenzen setzt und deinem Kind hilfst, seine Emotionen zu regulieren, kannst du diese Phase gelassener meistern. Denke daran, dass jedes Kind anders ist und seine eigenen Wege findet, mit Frustration und Enttäuschung umzugehen. Mit Geduld, Liebe und Verständnis kannst du deinem Sohn helfen, diese Fähigkeiten zu entwickeln und zu wachsen.

4. Die Kraft der Rituale und Strukturen

Rituale und Strukturen sind wie unsichtbare Stützen, die Kindern Halt und Sicherheit geben. In einer Welt, die für sie oft unberechenbar und überwältigend sein kann, bieten Rituale Orientierung und helfen dabei, den Alltag zu meistern. Für 2-5-jährige Kinder sind Rituale besonders wichtig, da sie ihnen ein Gefühl von Kontrolle und Vorhersehbarkeit vermitteln. In diesem Kapitel geht es darum, wie du Rituale und Strukturen in euren Alltag integrieren kannst, um deinem Kind emotionale Sicherheit zu geben und den Familienalltag harmonischer zu gestalten.

4.1 Warum Kinder Rituale brauchen

Kinder in diesem Alter lieben Wiederholungen und Beständigkeit. Rituale geben ihnen ein Gefühl von Sicherheit und helfen ihnen, sich in der Welt zurechtzufinden. Sie wissen, was als Nächstes kommt, und das reduziert Ängste und Unsicherheiten.

Tipp: Schaffe tägliche Rituale, die deinem Kind helfen, den Tag zu strukturieren. Zum Beispiel ein festes Morgenritual, bei dem ihr gemeinsam frühstückt und den Tag plant, oder ein Abendritual, das den Tag abschließt.

Beispiel: Ein festes Morgenritual könnte so aussehen: Ihr steht auf, zieht euch gemeinsam an, frühstückt zusammen und besprecht, was an diesem Tag ansteht. Das gibt deinem Kind ein Gefühl von Sicherheit und hilft ihm, sich auf den Tag vorzubereiten.

4.2 Der Zauber einer festen Morgen- und Abendroutine

Eine feste Morgen- und Abendroutine kann Wunder wirken, um den Tag harmonisch zu beginnen und zu beenden. Sie hilft deinem Kind, sich auf die Anforderungen des Tages vorzubereiten und abends zur Ruhe zu kommen.

Tipp: Gestalte die Morgenroutine so, dass sie entspannt und stressfrei ist. Vermeide Hektik und gib deinem Kind genug Zeit, um in den Tag zu starten. Am Abend hilft eine beruhigende Routine, deinem Kind zu signalisieren, dass es Zeit ist, zur Ruhe zu kommen.

Beispiel: Eine Abendroutine könnte so aussehen: Zuerst wird gemeinsam gegessen, dann folgt das Baden, anschließend wird ein Buch gelesen und schließlich geht es ins Bett. Diese wiederkehrende Abfolge hilft deinem Kind, sich auf die Schlafenszeit einzustellen.

4.3 Übergänge sanfter gestalten – vom Spiel zur Schlafenszeit

Übergänge von einer Aktivität zur nächsten können für Kinder schwierig sein. Sie sind oft so vertieft in das, was sie gerade tun, dass sie nur ungern damit aufhören. Rituale können helfen, diese Übergänge sanfter zu gestalten.

Tipp: Nutze Rituale, um den Übergang von einer Aktivität zur nächsten zu erleichtern. Zum Beispiel könntest du ein Lied singen, wenn es Zeit ist, das Spielzeug aufzuräumen, oder eine kleine Geschichte erzählen, bevor es ins Bett geht.

Beispiel: Wenn es Zeit ist, das Spielzeug aufzuräumen, könntest du sagen: „Jetzt singen wir unser Aufräumlied, und dann räumen wir alles zusammen weg." Das gibt deinem Kind eine klare Struktur und hilft ihm, den Übergang zu akzeptieren.

4.4 Rituale als emotionale Sicherheit

Rituale bieten nicht nur Struktur, sondern auch emotionale Sicherheit. Sie vermitteln deinem Kind das Gefühl, dass die Welt ein sicherer und vorhersehbarer Ort ist. Das ist besonders wichtig in Zeiten von Veränderung oder Unsicherheit.

Tipp: Schaffe Rituale, die deinem Kind in schwierigen Situationen Halt geben. Zum Beispiel ein besonderes Kuscheltier, das es immer bei sich hat, oder ein bestimmtes Lied, das ihr gemeinsam singt, wenn es traurig ist.

Beispiel: Wenn dein Sohn traurig ist, weil er sich verletzt hat, könntest du sagen: „Lass uns unser Trostlied singen, dann fühlst du dich gleich besser." Das gibt ihm ein Gefühl von Sicherheit und Trost.

4.5 Flexibilität in der Routine – wann Regeln brechen erlaubt ist

Auch wenn Rituale und Strukturen wichtig sind, ist es ebenso wichtig, flexibel zu sein. Es gibt Zeiten, in denen es okay ist, die Routine zu durchbrechen, zum Beispiel an besonderen Tagen oder in Ausnahmesituationen.

Tipp: Zeige deinem Kind, dass es in Ordnung ist, manchmal von der Routine abzuweichen, und erkläre ihm, warum dies geschieht. Zum Beispiel: „Heute ist ein besonderer Tag, deshalb dürfen wir länger aufbleiben und einen Film schauen."

Beispiel: Wenn ihr an einem Wochenende einen Ausflug macht und die Mittagsruhe ausfällt, könntest du sagen: „Heute ist ein besonderer Tag, deshalb machen wir keine Mittagsruhe. Aber morgen gehen wir wieder zurück zu unserer normalen Routine."

Rituale und Strukturen sind wie ein unsichtbares Netz, das deinem Kind Halt und Sicherheit gibt. Sie helfen ihm, den Alltag zu meistern und sich in der Welt zurechtzufinden. Indem du feste Routinen schaffst, Übergänge sanfter gestaltest und flexibel bleibst, kannst du deinem Kind ein Gefühl von Sicherheit und Geborgenheit vermitteln. Rituale sind nicht nur für dein Kind wichtig, sondern auch für dich als

Eltern, denn sie bringen Struktur und Harmonie in den Familienalltag. Nutze die Kraft der Rituale, um euren Alltag entspannter und liebevoller zu gestalten.

5. Kleine Jungen und ihre große Energie

Wenn du einen 2-5-jährigen Jungen hast, weißt du, dass er scheinbar unerschöpfliche Energie besitzt. Er rennt, springt, klettert und tobt, als gäbe es kein Morgen. Diese Energie kann manchmal überwältigend sein, aber sie ist ein natürlicher und wichtiger Teil seiner Entwicklung. In diesem Kapitel geht es darum, warum Jungen so viel Energie haben, wie du sie gezielt lenken kannst und warum Bewegung nicht nur ein Ventil für Emotionen ist, sondern auch eine wichtige Rolle in der körperlichen und geistigen Entwicklung spielt.

5.1 Warum sie ständig rennen, springen und klettern müssen

Kinder in diesem Alter haben einen natürlichen Drang, sich zu bewegen. Für Jungen ist dies oft noch ausgeprägter, da sie tendenziell mehr Testosteron produzieren, was ihre körperliche Aktivität und ihr Bedürfnis nach Bewegung verstärkt. Bewegung hilft ihnen, ihre Muskeln zu stärken, ihre Koordination zu verbessern und ihre Umgebung zu erkunden.

Tipp: Schaffe Möglichkeiten für deinen Sohn, sich auszutoben. Das kann im Garten, auf dem Spielplatz oder sogar im Wohnzimmer sein, wenn du genug Platz hast. Bewegung ist nicht nur gut für seinen Körper, sondern auch für seinen Geist.

Beispiel: Wenn dein Sohn ständig auf dem Sofa herumspringt, könntest du sagen: „Lass uns zusammen in den Garten gehen und dort rennen und springen. Da hast du mehr Platz und kannst dich richtig austoben."

5.2 Bewegung als Ventil für Emotionen

Kinder in diesem Alter haben oft Schwierigkeiten, ihre Emotionen verbal auszudrücken. Bewegung kann ein wichtiges Ventil sein, um Frustration, Wut oder sogar Freude auszudrücken. Wenn dein Sohn wütend ist, kann es helfen, wenn er rennt oder springt, um diese Emotionen abzubauen.

Tipp: Wenn du merkst, dass dein Sohn frustriert oder wütend ist, biete ihm eine körperliche Aktivität an, die ihm hilft, diese Emotionen zu verarbeiten. Zum Beispiel: „Ich sehe, dass du wütend bist. Lass uns zusammen eine Runde um den Garten rennen, damit du dich besser fühlst."

Beispiel: Wenn dein Sohn nach einem Streit mit einem Freund wütend ist, könntest du vorschlagen: „Lass uns zusammen zum Spielplatz gehen und dort klettern. Das hilft dir, dich zu beruhigen."

5.3 Wie du überschüssige Energie gezielt lenkst

Manchmal kann die Energie deines Sohnes überwältigend sein, besonders wenn ihr zu Hause seid und er nicht raus kann. In solchen Situationen ist es wichtig, Möglichkeiten zu schaffen, um diese Energie gezielt zu lenken.

Tipp: Nutze Spiele und Aktivitäten, die körperliche Bewegung mit geistiger Herausforderung verbinden. Zum Beispiel ein Hindernisparcours im Wohnzimmer oder ein Tanzwettbewerb, bei dem ihr gemeinsam Musik hört und tanzt.

Beispiel: Wenn dein Sohn vor Energie überschäumt und nicht weiß, wohin damit, könntest du sagen: „Lass uns einen Hindernisparcours bauen. Wir können Kissen, Stühle und Decken verwenden und dann versuchen, ihn so schnell wie möglich zu durchlaufen.“

5.4 Sport, Spiel und Abenteuer als Entwicklungsförderung

Sport und Bewegung sind nicht nur gut für die körperliche Gesundheit deines Kindes, sondern auch für seine geistige und soziale Entwicklung. Sie helfen ihm, Teamfähigkeit, Disziplin und Selbstbewusstsein zu entwickeln.

Tipp: Ermutige deinen Sohn, verschiedene Sportarten auszuprobieren, um herauszufinden, was ihm Spaß macht. Das kann Fußball, Schwimmen, Tanzen oder sogar Yoga sein. Wichtig ist, dass er Freude an der Bewegung hat.

Beispiel: Wenn dein Sohn Interesse an Fußball zeigt, könntest du ihn in einem örtlichen Verein anmelden oder einfach mit ihm im Garten spielen. Das fördert nicht nur seine körperliche Entwicklung, sondern auch seine sozialen Fähigkeiten.

5.5 Indoor- und Outdoor-Aktivitäten für aktive Jungs

Es gibt viele Möglichkeiten, deinen Sohn sowohl drinnen als auch draußen zu beschäftigen. Wichtig ist, dass die Aktivitäten seinem Energielevel entsprechen und ihm Spaß machen.

Tipp: Plane regelmäßige Outdoor-Aktivitäten wie Spaziergänge im Wald, Besuche auf dem Spielplatz oder Fahrradfahren. Drinnen könnt ihr gemeinsam tanzen, Yoga machen oder ein Bewegungsspiel spielen.

Beispiel: Wenn das Wetter schlecht ist und ihr nicht raus könnt, könntest du vorschlagen: „Lass uns eine Tanzparty machen! Wir schalten Musik an und tanzen, bis wir müde sind.“ Das ist eine großartige Möglichkeit, um Energie abzubauen und gleichzeitig Spaß zu haben.

Die Energie eines 2-5-jährigen Jungen kann manchmal überwältigend sein, aber sie ist ein natürlicher und wichtiger Teil seiner Entwicklung. Indem du Möglichkeiten schaffst, um diese Energie gezielt zu lenken, kannst du deinem Sohn helfen, sich körperlich, geistig und emotional zu entwickeln. Bewegung ist nicht nur ein Ventil für Emotionen, sondern auch eine wichtige Voraussetzung für ein gesundes und glückliches Leben. Nutze die Kraft der Bewegung, um deinen kleinen Abenteurer zu unterstützen und ihm zu helfen, die Welt mit Neugier und Freude zu erkunden.

6. Die ersten Freundschaften und soziale Kompetenzen

Die ersten Freundschaften sind ein wichtiger Meilenstein in der Entwicklung deines Kindes. Im Alter von 2-5 Jahren beginnen Kinder, sich für Gleichaltrige zu interessieren und erste soziale Beziehungen aufzubauen. Diese frühen Freundschaften sind nicht nur süß und herzerwärmend, sondern auch entscheidend für die Entwicklung sozialer Kompetenzen wie Empathie, Teilen und Konfliktlösung. In diesem Kapitel geht es darum, wie du deinen Sohn bei seinen ersten sozialen Erfahrungen unterstützen kannst und wie du ihm hilfst, wichtige soziale Fähigkeiten zu entwickeln.

6.1 Vom Parallelspiel zur echten Freundschaft

In den ersten Jahren spielen Kinder oft nebeneinander, ohne wirklich miteinander zu interagieren. Dieses sogenannte Parallelspiel ist ein normaler Schritt in der sozialen Entwicklung. Mit der Zeit beginnen sie jedoch, miteinander zu spielen und echte Freundschaften zu schließen.

Tipp: Ermutige deinen Sohn, mit anderen Kindern zu spielen, aber dränge ihn nicht. Gib ihm die Möglichkeit, in einer sicheren Umgebung soziale Erfahrungen zu sammeln, zum Beispiel auf dem Spielplatz oder in einer Spielgruppe.

Beispiel: Wenn dein Sohn auf dem Spielplatz neben einem anderen Kind spielt, könntest du sagen: „Schau mal, der Junge dort baut auch mit Sand. Vielleicht könnt ihr zusammen eine Burg bauen."

6.2 Teilen, aber richtig – warum es schwer ist

Teilen ist eine der schwierigsten Lektionen für kleine Kinder. In diesem Alter sind sie noch sehr ich-bezogen und haben Schwierigkeiten, die Bedürfnisse anderer zu verstehen. Es ist wichtig, geduldig zu sein und deinem Sohn zu helfen, das Teilen zu lernen, ohne ihn unter Druck zu setzen.

Tipp: Erkläre deinem Sohn, warum Teilen wichtig ist, und lobe ihn, wenn er teilt. Zum Beispiel: „Es ist toll, dass du dein Spielzeug mit deinem Freund geteilt hast. Das macht ihn glücklich, und ihr könnt zusammen Spaß haben."

Beispiel: Wenn dein Sohn sein Spielzeug nicht teilen möchte, könntest du vorschlagen: „Wie wäre es, wenn ihr abwechselnd mit dem Spielzeug spielt? Du kannst fünf Minuten spielen, und dann ist dein Freund dran."

6.3 Konflikte unter Kindern: Wann eingreifen, wann nicht?

Konflikte sind ein natürlicher Bestandteil des sozialen Lernens. Sie bieten Kindern die Möglichkeit, Kompromisse zu schließen und Konfliktlösungsstrategien zu entwickeln. Es ist wichtig, zu wissen, wann man eingreifen sollte und wann man die Kinder selbst eine Lösung finden lassen sollte.

Tipp: Beobachte die Situation und greife nur ein, wenn es notwendig ist, zum Beispiel bei körperlichen Auseinandersetzungen. Ansonsten ermutige die Kinder, selbst eine Lösung zu finden. Zum Beispiel: „Ich sehe, dass ihr beide mit dem gleichen Spielzeug spielen wollt. Wie könnt ihr das lösen?"

Beispiel: Wenn dein Sohn und sein Freund sich um ein Spielzeug streiten, könntest du sagen: „Ich sehe, dass ihr beide das Spielzeug haben wollt. Vielleicht könnt ihr abwechselnd spielen oder zusammen etwas anderes finden, das Spaß macht."

6.4 Empathie fördern – kleine Schritte zum Mitgefühl

Empathie ist eine wichtige soziale Fähigkeit, die Kindern hilft, die Gefühle anderer zu verstehen und angemessen darauf zu reagieren. In diesem Alter beginnen Kinder, Empathie zu entwickeln, aber sie brauchen dabei Unterstützung.

Tipp: Hilf deinem Sohn, die Gefühle anderer zu erkennen und darauf zu reagieren. Zum Beispiel: „Schau mal, dein Freund weint. Vielleicht ist er traurig. Was könntest du tun, um ihm zu helfen?"

Beispiel: Wenn dein Sohn sieht, dass ein anderes Kind hingefallen ist, könntest du sagen: „Dein Freund hat sich wehgetan. Vielleicht könntest du ihn fragen, ob er okay ist oder ihm ein Pflaster holen."

6.5 Der Einfluss von Gruppen und Geschwisterdynamik

Gruppen und Geschwister spielen eine wichtige Rolle in der sozialen Entwicklung deines Kindes. Sie bieten Möglichkeiten, soziale Fähigkeiten zu üben und zu lernen, wie man in einer Gruppe interagiert.

Tipp: Ermutige deinen Sohn, in Gruppen zu spielen und dabei soziale Regeln zu lernen. Wenn er Geschwister hat, hilf ihm, positive Beziehungen zu ihnen aufzubauen und Konflikte friedlich zu lösen.

Beispiel: Wenn dein Sohn und seine Schwester sich streiten, könntest du sagen: „Ich sehe, dass ihr beide wütend seid. Vielleicht könnt ihr euch entschuldigen und zusammen eine Lösung finden, die für beide passt."

Die ersten Freundschaften und sozialen Erfahrungen sind ein wichtiger Teil der Entwicklung deines Kindes. Indem du deinen Sohn unterstützt, soziale Kompetenzen wie Teilen, Empathie und Konfliktlösung zu entwickeln, hilfst du ihm, positive Beziehungen aufzubauen und sich in der Welt zurechtzufinden. Denke daran, dass soziale Fähigkeiten Zeit und Übung brauchen, und sei geduldig, während dein Sohn diese wichtigen Lektionen lernt. Mit deiner Unterstützung wird er zu einem einfühlsamen und sozial kompetenten kleinen Menschen heranwachsen.

7. Schlafen ist keine Zeitverschwendung – oder doch?

Schlaf ist ein grundlegender Bestandteil der Gesundheit und Entwicklung deines Kindes. Für 2-5-jährige Jungen ist ausreichender Schlaf besonders wichtig, da er nicht nur die körperliche Erholung fördert, sondern auch die geistige und emotionale Entwicklung unterstützt. Doch viele Eltern kennen die Herausforderungen, die mit dem Schlafengehen verbunden sind: Einschlafprobleme, nächtliches Aufwachen oder der berüchtigte „Nachtschreck". In diesem Kapitel geht es darum, warum Schlaf so wichtig ist, wie du deinem Sohn helfen kannst, besser zu schlafen, und wie du eine beruhigende Abendroutine gestalten kannst.

7.1 Warum viele Jungen schlechte Schläfer sind

Es gibt verschiedene Gründe, warum Jungen in diesem Alter oft Schwierigkeiten haben, gut zu schlafen. Ihre natürliche Energie und ihr Entdeckerdrang können es schwer machen, zur Ruhe zu kommen. Zudem können Ängste, Albträume oder einfach die Unfähigkeit, sich zu entspannen, den Schlaf beeinträchtigen.

Tipp: Schaffe eine ruhige und entspannende Umgebung, die deinem Sohn hilft, zur Ruhe zu kommen. Vermeide aufregende Aktivitäten oder Bildschirmzeit kurz vor dem Schlafengehen, da dies die Einschlafzeit verlängern kann.

Beispiel: Wenn dein Sohn abends immer noch voller Energie ist, könntest du sagen: „Lass uns eine ruhige Aktivität machen, wie ein Buch lesen oder ein Puzzle legen, damit wir uns entspannen können."

7.2 Einschlafprobleme und was wirklich hilft

Einschlafprobleme sind bei kleinen Kindern weit verbreitet. Sie können durch verschiedene Faktoren verursacht werden, wie Angst vor der Dunkelheit, Übermüdung oder einfach die Unfähigkeit, sich zu entspannen.

Tipp: Entwickle eine beruhigende Abendroutine, die deinem Sohn hilft, sich auf den Schlaf vorzubereiten. Das kann ein warmes Bad, eine Gute-Nacht-Geschichte oder ein Schlaflied sein. Die Routine sollte jeden Abend gleich sein, um Sicherheit und Vorhersehbarkeit zu bieten.

Beispiel: Eine Abendroutine könnte so aussehen: Zuerst wird gebadet, dann wird ein Buch gelesen, und schließlich wird ein Schlaflied gesungen. Diese wiederkehrende Abfolge hilft deinem Sohn, sich auf die Schlafenszeit einzustellen.

7.3 Wie eine beruhigende Abendroutine aussehen kann

Eine beruhigende Abendroutine ist der Schlüssel zu einem guten Schlaf. Sie hilft deinem Sohn, den Tag abzuschließen und sich auf die Nacht vorzubereiten. Die Routine sollte ruhig und entspannend sein und jeden Abend gleich ablaufen.

Tipp: Integriere Aktivitäten, die deinem Sohn helfen, zur Ruhe zu kommen, wie Lesen, Malen oder sanfte Musik. Vermeide Aktivitäten, die aufregend oder anregend sind, wie wildes Toben oder Fernsehen.

Beispiel: Wenn dein Sohn Schwierigkeiten hat, zur Ruhe zu kommen, könntest du vorschlagen: „Lass uns zusammen ein Buch lesen und dann ein paar tiefe Atemzüge machen, damit wir uns entspannen können."

7.4 Albträume, Nachtschreck und die Macht der Fantasie

Albträume und Nachtschreck sind bei kleinen Kindern häufig und können sowohl für das Kind als auch für die Eltern beängstigend sein. Albträume sind lebhafte, beängstigende Träume, die das Kind aufwecken, während der Nachtschreck ein

Zustand ist, in dem das Kind teilweise erwacht, aber nicht vollständig bei Bewusstsein ist.

Tipp: Wenn dein Sohn einen Albtraum hat, tröste ihn und versichere ihm, dass er sicher ist. Bei einem Nachtschreck bleibe ruhig und warte, bis er vorbei ist. Versuche nicht, dein Kind aufzuwecken, da dies den Zustand verlängern kann.

Beispiel: Wenn dein Sohn nach einem Albtraum aufwacht, könntest du sagen: „Es war nur ein Traum, und du bist jetzt sicher. Ich bin hier bei dir, und alles ist in Ordnung."

7.5 Mittagsschlaf oder nicht? Die goldene Mitte finden

Der Mittagsschlaf ist für viele Kinder in diesem Alter noch wichtig, aber die Bedürfnisse variieren. Einige Kinder brauchen noch einen regelmäßigen Mittagsschlaf, während andere bereit sind, darauf zu verzichten. Es ist wichtig, die Bedürfnisse deines Sohnes zu erkennen und eine Balance zu finden.

Tipp: Beobachte, wie dein Sohn auf den Mittagsschlaf reagiert. Wenn er abends schwer einschläft oder nachts häufig aufwacht, könnte es sein, dass er den Mittagsschlaf nicht mehr braucht. In diesem Fall könntest du die Schlafenszeit etwas vorverlegen.

Beispiel: Wenn dein Sohn nach einem Mittagsschlaf abends schwer einschläft, könntest du sagen: „Vielleicht brauchst du keinen Mittagsschlaf mehr. Lass uns stattdessen eine ruhige Zeit am Nachmittag machen, wo wir ein Buch lesen oder malen."

Schlaf ist ein wesentlicher Bestandteil der Gesundheit und Entwicklung deines Kindes. Indem du eine beruhigende Abendroutine schaffst, auf die Bedürfnisse deines Sohnes eingehst und ihm hilfst, Ängste und Albträume zu bewältigen, kannst du ihm helfen, besser zu schlafen und sich ausgeruhter zu fühlen. Denke daran, dass jedes Kind anders ist und seine eigenen Schlafbedürfnisse hat. Mit Geduld und Liebe kannst du deinem Sohn helfen, eine gesunde Schlafroutine zu entwickeln, die ihm und euch allen zugutekommt.

8. Ernährung – Von Gemüsemuffeln und Suppenkaspern

Die Ernährung spielt eine zentrale Rolle in der Gesundheit und Entwicklung deines Kindes. Doch viele Eltern kennen die Herausforderungen, die mit dem Essen eines 2-5-jährigen Jungen verbunden sind: plötzliche Abneigungen gegen bestimmte Lebensmittel, endlose Diskussionen am Esstisch oder die Vorliebe für Süßigkeiten. In diesem Kapitel geht es darum, wie du deinem Sohn eine ausgewogene Ernährung bieten kannst, ohne dass jeder Mahlzeit ein Machtkampf vorausgeht, und wie du spielerisch gesunde Essgewohnheiten förderst.

8.1 Warum dein Kind plötzlich kein Gemüse mehr mag

Es ist nicht ungewöhnlich, dass Kinder in diesem Alter plötzlich bestimmte Lebensmittel ablehnen, die sie zuvor gerne gegessen haben. Dieses Verhalten, oft als „Gemüsemuffel-Phase" bezeichnet, kann frustrierend sein, ist aber ein normaler Teil der Entwicklung. Kinder testen ihre Autonomie aus und entwickeln eigene Vorlieben.

Tipp: Bleibe geduldig und biete das abgelehnte Lebensmittel immer wieder an, ohne Druck auszuüben. Manchmal braucht es mehrere Versuche, bis ein Kind ein neues oder abgelehntes Lebensmittel akzeptiert.

Beispiel: Wenn dein Sohn plötzlich keine Karotten mehr essen möchte, könntest du sagen: „Okay, heute magst du keine Karotten. Vielleicht probierst du sie nächste Woche noch einmal. Möchtest du stattdessen etwas Gurke haben?"

8.2 Der Kampf ums Essen – Geduld ist gefragt

Mahlzeiten können manchmal zu einem Machtkampf werden, besonders wenn dein Sohn bestimmte Lebensmittel ablehnt oder einfach keine Lust hat zu essen. Es ist wichtig, geduldig zu bleiben und den Druck herauszunehmen, da dies sonst zu negativen Assoziationen mit dem Essen führen kann.

Tipp: Schaffe eine entspannte Atmosphäre beim Essen und vermeide es, dein Kind zum Essen zu zwingen. Biete gesunde Optionen an und lass dein Kind entscheiden, was und wie viel es essen möchte.

Beispiel: Wenn dein Sohn sein Essen nicht aufessen möchte, könntest du sagen: „Du musst nicht alles aufessen, aber probiere bitte ein paar Bissen. Wenn du satt bist, können wir später einen gesunden Snack haben."

8.3 Spielerische Ansätze für gesunde Ernährung

Kinder lernen am besten durch Spiel und Spaß. Indem du das Essen zu einem spielerischen Erlebnis machst, kannst du deinem Sohn helfen, gesunde Lebensmittel zu akzeptieren und sogar zu genießen.

Tipp: Nutze kreative Präsentationen, um gesunde Lebensmittel attraktiver zu machen. Zum Beispiel könntest du Gemüse in lustige Formen schneiden oder gemeinsam mit deinem Sohn eine „Gemüse-Pizza" belegen.

Beispiel: Wenn dein Sohn kein Gemüse essen möchte, könntest du vorschlagen: „Lass uns zusammen eine Gemüse-Pizza machen! Du kannst aussuchen, welches Gemüse darauf kommt, und wir schneiden es in lustige Formen."

8.4 Zucker, Snacks und Co.: Wie viel ist zu viel?

Zucker und Snacks sind bei Kindern sehr beliebt, aber zu viel davon kann zu gesundheitlichen Problemen führen. Es ist wichtig, den Zuckerkonsum zu begrenzen und gesunde Alternativen anzubieten.

Tipp: Biete gesunde Snacks wie Obst, Gemüse oder Vollkornprodukte an und begrenze den Konsum von zuckerhaltigen Lebensmitteln. Erkläre deinem Sohn, warum zu viel Zucker nicht gut für ihn ist, ohne ihn zu ängstigen.

Beispiel: Wenn dein Sohn nach einem Schokoriegel fragt, könntest du sagen: „Ein Schokoriegel ist okay, aber zu viel Zucker ist nicht gut für uns. Wie wäre es, wenn wir stattdessen einen Apfel oder eine Banane essen?"

8.5 Kochen mit Kindern – kleine Helfer in der Küche

Kochen mit Kindern ist nicht nur eine großartige Möglichkeit, Zeit miteinander zu verbringen, sondern auch eine effektive Methode, um sie für gesunde Ernährung zu begeistern. Wenn dein Sohn beim Kochen hilft, ist er eher bereit, neue Lebensmittel zu probieren.

Tipp: Beziehe deinen Sohn in die Zubereitung der Mahlzeiten ein, indem du ihm altersgerechte Aufgaben gibst, wie Gemüse waschen, Teig kneten oder Zutaten mischen.

Beispiel: Wenn ihr zusammen kocht, könntest du sagen: „Kannst du mir helfen, die Tomaten zu waschen und in den Salat zu geben? Dann können wir unseren eigenen Salat machen, den wir zusammen essen."

Die Ernährung deines Kindes ist ein wichtiger Bestandteil seiner Gesundheit und Entwicklung. Indem du geduldig bleibst, spielerische Ansätze nutzt und deinen Sohn in die Zubereitung der Mahlzeiten einbeziehst, kannst du ihm helfen, gesunde Essgewohnheiten zu entwickeln. Denke daran, dass jedes Kind anders ist und seine eigenen Vorlieben und Abneigungen hat. Mit Geduld, Kreativität und Liebe kannst du deinem Sohn eine ausgewogene Ernährung bieten, die ihm schmeckt und gut tut.

9. Die ersten Ausflüge ohne Mama und Papa

Die ersten Ausflüge ohne Mama und Papa sind ein großer Schritt für dein Kind – und oft auch für dich als Eltern. Ob es sich um die Eingewöhnung in der Kita, den ersten Besuch bei den Großeltern oder einen Ausflug mit Freunden handelt, diese Erfahrungen sind wichtig für die Entwicklung deines Kindes. Sie fördern seine Unabhängigkeit, sein Selbstvertrauen und seine sozialen Fähigkeiten. In diesem Kapitel geht es darum, wie du deinen Sohn auf diese neuen Erfahrungen vorbereiten kannst und wie ihr gemeinsam die Trennung meistert.

9.1 Kita-Eingewöhnung: Ein sanfter Abschied

Die Eingewöhnung in der Kita ist oft die erste längere Trennung von den Eltern und kann sowohl für das Kind als auch für die Eltern emotional herausfordernd sein. Eine sanfte und gut geplante Eingewöhnung hilft deinem Sohn, sich sicher und wohl zu fühlen.

Tipp: Plane eine schrittweise Eingewöhnung, bei der du zunächst für kurze Zeit anwesend bist und die Abwesenheitszeiten langsam erhöhst. Verabschiede dich immer klar und liebevoll, um deinem Sohn Sicherheit zu geben.

Beispiel: Wenn du deinen Sohn in der Kita abgibst, könntest du sagen: „Ich gehe jetzt, aber ich komme später wieder, um dich abzuholen. Du kannst hier spielen und Spaß haben, und ich bin immer in deinem Herzen."

9.2 Der erste Besuch bei Oma und Opa ohne Eltern

Der erste Besuch bei den Großeltern ohne Mama und Papa ist ein weiterer wichtiger Schritt in der Entwicklung deines Kindes. Es bietet ihm die Möglichkeit, neue Beziehungen zu knüpfen und seine Unabhängigkeit zu stärken.

Tipp: Bereite deinen Sohn auf den Besuch vor, indem du ihm erklärst, was passieren wird und wie lange er bleiben wird. Gib ihm ein vertrautes Objekt wie ein Kuscheltier oder eine Decke mit, das ihm Sicherheit gibt.

Beispiel: Wenn dein Sohn das erste Mal bei Oma und Opa übernachtet, könntest du sagen: „Du wirst heute bei Oma und Opa schlafen. Sie freuen sich sehr, und du kannst dein Lieblingskuscheltier mitnehmen. Morgen früh hole ich dich wieder ab."

9.3 Vertrauen aufbauen – Sicherheit in der Trennung

Vertrauen ist der Schlüssel, um die Trennung von den Eltern zu meistern. Dein Sohn muss wissen, dass du immer wieder zurückkommst und dass er sicher ist, auch wenn du nicht da bist.

Tipp: Sei zuverlässig und halte deine Versprechen. Wenn du sagst, dass du um 15 Uhr zurückkommst, sei pünktlich. Dies gibt deinem Sohn das Vertrauen, dass er sich auf dich verlassen kann.

Beispiel: Wenn du deinen Sohn in der Kita abgibst, könntest du sagen: „Ich komme nach dem Mittagsschlaf wieder, um dich abzuholen. Bis dahin kannst du mit deinen Freunden spielen und Spaß haben."

9.4 Wie Kinder auf Abschiede reagieren

Kinder reagieren unterschiedlich auf Abschiede. Manche weinen und klammern, während andere scheinbar unbeeindruckt sind. Es ist wichtig, die Reaktionen deines Sohnes zu verstehen und angemessen darauf zu reagieren.

Tipp: Zeige Verständnis für die Gefühle deines Sohnes und tröste ihn, wenn er traurig ist. Erkläre ihm, dass es normal ist, traurig zu sein, wenn Mama oder Papa gehen, aber dass du immer wieder zurückkommst.

Beispiel: Wenn dein Sohn weint, wenn du gehst, könntest du sagen: „Ich verstehe, dass du traurig bist, weil ich gehe. Aber ich komme wieder, und bis dahin kannst du hier spielen und Spaß haben."

9.5 Rituale für einen harmonischen Abschied

Rituale können helfen, Abschiede harmonischer zu gestalten. Sie geben deinem Sohn Sicherheit und helfen ihm, sich auf die Trennung vorzubereiten.

Tipp: Entwickle ein Abschiedsritual, das ihr jeden Tag durchführt. Das kann ein besonderer Spruch, eine Umarmung oder ein bestimmtes Lied sein.

Beispiel: Wenn du deinen Sohn in der Kita abgibst, könntest du ein Abschiedsritual einführen, bei dem ihr euch eine „Geheimhand" gebt und sagt: „Ich hab dich lieb, bis später!"

Die ersten Ausflüge ohne Mama und Papa sind ein wichtiger Schritt in der Entwicklung deines Kindes. Sie fördern seine Unabhängigkeit, sein Selbstvertrauen und seine sozialen Fähigkeiten. Indem du deinen Sohn auf die Trennung vorbereitest, Vertrauen aufbaust und Abschiedsrituale einführt, kannst du ihm helfen, diese neuen Erfahrungen positiv zu meistern. Denke daran, dass jedes Kind anders ist und seine eigenen Bedürfnisse und Reaktionen hat. Mit Geduld, Liebe und Verständnis kannst du deinem Sohn helfen, sich sicher und geborgen zu fühlen, auch wenn du nicht da bist.

10. Medien und Bildschirmzeit – Ein zweischneidiges Schwert

In einer Welt, die zunehmend digitalisiert ist, sind Medien und Bildschirme ein fester Bestandteil des Alltags geworden. Für 2-5-jährige Kinder können Tablets, Fernseher und Smartphones sowohl faszinierend als auch überwältigend sein. Sie bieten Bildungsmöglichkeiten und Unterhaltung, bergen aber auch Risiken wie Überstimulation und eine reduzierte körperliche Aktivität. In diesem Kapitel geht es darum, wie du die Bildschirmzeit deines Sohnes sinnvoll gestalten kannst, welche Alternativen es gibt und wie du sicherstellst, dass Medienkonsum nicht zu Lasten anderer wichtiger Aktivitäten geht.

10.1 Warum Kinder so fasziniert von Bildschirmen sind

Bildschirme sind für Kinder besonders anziehend, weil sie bunte, bewegte Bilder und interaktive Elemente bieten, die ihre Aufmerksamkeit leicht fesseln. Die schnellen Wechsel und die unmittelbaren Reaktionen auf ihre Aktionen machen digitale Medien zu einer spannenden Erfahrung.

Tipp: Erkläre deinem Sohn, warum zu viel Bildschirmzeit nicht gut ist, und setze klare Grenzen. Zum Beispiel: „Wir schauen nur eine Folge deiner Lieblingssendung, danach machen wir etwas anderes."

Beispiel: Wenn dein Sohn nach mehr Fernsehzeit fragt, könntest du sagen: „Ich verstehe, dass du gerne fernsehen möchtest, aber zu viel davon ist nicht gut für uns. Lass uns stattdessen zusammen ein Spiel spielen oder ein Buch lesen."

10.2 Bildschirmzeit sinnvoll begrenzen

Es ist wichtig, die Bildschirmzeit zu begrenzen, um sicherzustellen, dass dein Sohn genug Zeit für andere Aktivitäten wie Spielen, Lesen und Bewegung hat. Die American Academy of Pediatrics empfiehlt, dass Kinder im Alter von 2-5 Jahren nicht mehr als eine Stunde Bildschirmzeit pro Tag haben sollten.

Tipp: Erstelle einen täglichen Zeitplan, der feste Zeiten für Bildschirmaktivitäten und andere Aktivitäten wie Spielen, Lesen und Bewegung vorsieht. Halte dich konsequent an diesen Plan.

Beispiel: Wenn dein Sohn seine tägliche Bildschirmzeit aufgebraucht hat, könntest du sagen: „Heute hast du schon genug Zeit am Tablet verbracht. Lass uns jetzt etwas anderes machen, wie zum Beispiel ein Puzzle legen oder im Garten spielen."

10.3 Alternativen zum Tablet und Fernseher

Es gibt viele Alternativen zu Bildschirmen, die genauso unterhaltsam und lehrreich sein können. Diese Aktivitäten fördern die Kreativität, die körperliche Entwicklung und die sozialen Fähigkeiten deines Sohnes.

Tipp: Biete eine Vielzahl von Aktivitäten an, die deinen Sohn beschäftigen und fördern, wie Basteln, Malen, Brettspiele, Bücher lesen oder draußen spielen.

Beispiel: Wenn dein Sohn gelangweilt ist und nach dem Tablet fragt, könntest du vorschlagen: „Lass uns zusammen ein Bild malen oder ein Buch lesen. Oder wir gehen raus und spielen im Garten."

10.4 Interaktive Medien – was ist pädagogisch sinnvoll?

Nicht alle Medien sind gleich. Es gibt viele pädagogisch wertvolle Apps, Spiele und Sendungen, die deinem Sohn helfen können, neue Fähigkeiten zu erlernen und sein Wissen zu erweitern.

Tipp: Wähle sorgfältig aus, welche Medien dein Sohn konsumiert. Achte auf altersgerechte, pädagogisch wertvolle Inhalte, die seine Entwicklung fördern.

Beispiel: Wenn du eine App für deinen Sohn auswählst, könntest du sagen: „Diese App hilft dir, Zahlen und Buchstaben zu lernen. Lass sie uns zusammen ausprobieren und sehen, wie viel Spaß sie macht."

10.5 Der Einfluss von digitalen Inhalten auf die Fantasie

Digitale Medien können die Fantasie anregen, aber sie können auch die kreative Spielzeit reduzieren, die für die Entwicklung der Fantasie so wichtig ist. Es ist wichtig, ein Gleichgewicht zu finden.

Tipp: Ermutige deinen Sohn, seine eigenen Geschichten zu erfinden und kreativ zu spielen, anstatt nur passiv Medien zu konsumieren. Zum Beispiel könntet ihr zusammen eine Geschichte erfinden und sie dann nachspielen.

Beispiel: Wenn dein Sohn eine Geschichte im Fernsehen gesehen hat, könntest du vorschlagen: „Lass uns deine eigene Version der Geschichte spielen. Du kannst der Held sein, und wir erfinden ein neues Abenteuer."

Medien und Bildschirmzeit sind ein zweischneidiges Schwert. Sie bieten viele Möglichkeiten für Bildung und Unterhaltung, bergen aber auch Risiken. Indem du die Bildschirmzeit sinnvoll begrenzt, pädagogisch wertvolle Inhalte auswählst und Alternativen anbietest, kannst du sicherstellen, dass dein Sohn die Vorteile der digitalen Welt nutzt, ohne die Nachteile zu erleben. Denke daran, dass jedes Kind anders ist und seine eigenen Bedürfnisse und Interessen hat. Mit Geduld, Kreativität und Liebe kannst du deinem Sohn helfen, ein gesundes Gleichgewicht zwischen Medienkonsum und anderen Aktivitäten zu finden.

11. Sauberkeitserziehung ohne Druck

Die Sauberkeitserziehung ist ein wichtiger Meilenstein in der Entwicklung deines Kindes. Für viele Eltern ist dies eine Phase, die von Unsicherheiten und Fragen begleitet wird: Wann ist der richtige Zeitpunkt? Wie geht man mit Rückschlägen um? Und wie motiviert man sein Kind, ohne Druck auszuüben? In diesem Kapitel geht es darum, wie du deinen Sohn auf dem Weg zur Sauberkeit unterstützen kannst, ohne Stress und Zwang, und wie ihr gemeinsam diese Herausforderung meistert.

11.1 Wann ist der richtige Zeitpunkt?

Jedes Kind entwickelt sich in seinem eigenen Tempo, und das gilt auch für die Sauberkeitserziehung. Es gibt kein festes Alter, in dem ein Kind trocken werden muss. Die meisten Kinder zeigen zwischen dem zweiten und dritten Lebensjahr Interesse an der Toilette, aber einige brauchen länger.

Tipp: Achte auf Anzeichen, dass dein Sohn bereit ist, wie zum Beispiel Interesse an der Toilette, die Fähigkeit, trocken zu bleiben für mehrere Stunden, oder das Ausdrücken von Unbehagen bei einer vollen Windel.

Beispiel: Wenn dein Sohn Interesse an der Toilette zeigt, könntest du sagen: „Möchtest du mal auf dem Töpfchen sitzen, so wie Mama und Papa? Das ist ganz einfach und kann Spaß machen."

11.2 Trockenwerden: Ein Abenteuer mit Höhen und Tiefen

Der Weg zur Sauberkeit ist selten linear. Es gibt Fortschritte und Rückschläge, und das ist völlig normal. Wichtig ist, geduldig zu bleiben und deinen Sohn zu unterstützen, ohne ihn unter Druck zu setzen.

Tipp: Feiere die Erfolge, aber mache keine große Sache aus den Misserfolgen. Zeige Verständnis und ermutige deinen Sohn, es weiter zu versuchen.

Beispiel: Wenn dein Sohn es geschafft hat, auf dem Töpfchen zu machen, könntest du sagen: „Das hast du toll gemacht! Ich bin so stolz auf dich." Wenn es nicht klappt, sage: „Das ist okay, wir versuchen es später noch einmal."

11.3 Was tun, wenn Rückschläge kommen?

Rückschläge sind ein normaler Teil des Prozesses. Sie können durch verschiedene Faktoren verursacht werden, wie Stress, Krankheit oder Veränderungen im Alltag. Es ist wichtig, ruhig zu bleiben und deinem Sohn zu zeigen, dass es in Ordnung ist, Fehler zu machen.

Tipp: Reagiere gelassen auf Rückschläge und vermeide es, dein Kind zu bestrafen oder zu beschämen. Erinnere ihn sanft daran, das nächste Mal die Toilette zu benutzen.

Beispiel: Wenn dein Sohn einen Unfall hat, könntest du sagen: „Das passiert manchmal. Lass uns zusammen aufräumen und das nächste Mal versuchen, rechtzeitig aufs Töpfchen zu gehen."

11.4 Nachtwindeln: Wann sind sie überflüssig?

Das Trockenwerden in der Nacht dauert oft länger als am Tag. Viele Kinder brauchen noch einige Zeit nach dem Trockenwerden am Tag Nachtwindeln, und das ist völlig normal.

Tipp: Beobachte, ob dein Sohn nachts trocken bleibt, und führe langsam die Nachtwindeln ab, wenn er bereit ist. Verwende eine wasserdichte Unterlage, um das Bett zu schützen.

Beispiel: Wenn dein Sohn mehrere Nächte trocken bleibt, könntest du sagen: „Du hast so gut geschlafen und bist trocken geblieben. Vielleicht können wir jetzt ohne Windel schlafen. Was hältst du davon?"

11.5 Loben oder nicht loben – wie motiviere ich mein Kind?

Lob kann ein wirksames Mittel sein, um deinen Sohn zu motivieren, aber es ist wichtig, es nicht zu übertreiben. Zu viel Lob kann Druck erzeugen und die intrinsische Motivation verringern.

Tipp: Verwende Lob gezielt und spezifisch. Anstatt allgemein zu sagen „Gut gemacht", könntest du sagen: „Ich bin stolz auf dich, dass du es alleine aufs Töpfchen geschafft hast."

Beispiel: Wenn dein Sohn erfolgreich die Toilette benutzt hat, könntest du sagen: „Das hast du toll gemacht! Ich bin so stolz auf dich, dass du es alleine geschafft hast."

Die Sauberkeitserziehung ist ein wichtiger Schritt in der Entwicklung deines Kindes, der Geduld, Verständnis und Unterstützung erfordert. Indem du auf die Signale deines Sohnes achtest, geduldig mit Rückschlägen umgehst und ihn liebevoll motivierst, kannst du ihm helfen, diesen Meilenstein stressfrei zu meistern. Denke daran, dass jedes Kind anders ist und sein eigenes Tempo hat. Mit deiner Unterstützung wird dein Sohn bald stolz auf seine neuen Fähigkeiten sein und den Weg zur Sauberkeit erfolgreich beschreiten.

12. Warum „Nein" sagen wichtig ist – für Eltern und Kinder

Das Wort „Nein" ist eines der mächtigsten Werkzeuge in der Erziehung. Es hilft, Grenzen zu setzen, Sicherheit zu bieten und Werte zu vermitteln. Doch vielen Eltern fällt es schwer, „Nein" zu sagen, aus Angst, ihr Kind zu enttäuschen oder eine

Konfrontation auszulösen. Dabei ist es wichtig, dass Kinder lernen, mit Grenzen umzugehen, denn sie geben Halt und Orientierung in einer oft unübersichtlichen Welt. In diesem Kapitel geht es darum, warum „Nein" sagen so wichtig ist, wie du es liebevoll und konsequent tun kannst und wie dein Sohn dadurch Sicherheit und Respekt lernt.

12.1 Die Kunst der liebevollen Konsequenz

„Nein" zu sagen bedeutet nicht, autoritär oder streng zu sein. Es geht darum, liebevoll und konsequent zu handeln, um deinem Sohn klare Grenzen zu setzen, die ihm helfen, sich sicher und geborgen zu fühlen. Kinder brauchen diese Grenzen, um zu verstehen, was akzeptabel ist und was nicht.

Tipp: Formuliere dein „Nein" klar und freundlich, aber bestimmt. Erkläre kurz, warum du „Nein" sagst, und biete gegebenenfalls eine Alternative an. Zum Beispiel: „Nein, du kannst jetzt nicht Süßigkeiten haben, weil wir gleich Abendessen. Aber du kannst dir einen Apfel nehmen."

Beispiel: Wenn dein Sohn im Supermarkt nach einem Schokoriegel verlangt, könntest du sagen: „Nein, wir kaufen heute keinen Schokiriegel, weil wir zu Hause schon etwas Süßes haben. Aber du kannst dir eine Banane aussuchen."

12.2 Warum Kinder Grenzen testen müssen

Kinder testen Grenzen aus, um ihre Umwelt zu verstehen und ihre eigenen Fähigkeiten zu erkunden. Dieses Verhalten ist ein natürlicher Teil ihrer Entwicklung und zeigt, dass sie neugierig und selbstbewusst sind. Es ist wichtig, dass du als Eltern standhaft bleibst, auch wenn es manchmal anstrengend ist.

Tipp: Bleibe konsequent, aber verständnisvoll. Wenn dein Sohn eine Grenze testet, erkläre ihm ruhig, warum diese Grenze wichtig ist, und halte daran fest. Zum Beispiel: „Ich verstehe, dass du länger aufbleiben möchtest, aber Schlaf ist wichtig, damit du morgen fit bist."

Beispiel: Wenn dein Sohn nach dem Zubettgehen wieder aufsteht, könntest du sagen: „Ich weiß, dass du noch spielen möchtest, aber jetzt ist Schlafenszeit. Morgen kannst du wieder spielen."

12.3 Strafen vs. natürliche Konsequenzen

Strafen sind oft nicht so effektiv wie natürliche Konsequenzen, die sich logisch aus dem Verhalten des Kindes ergeben. Natürliche Konsequenzen helfen deinem Sohn, die Auswirkungen seines Handelns zu verstehen, ohne dass er sich bestraft fühlt.

Tipp: Lass natürliche Konsequenzen zu, wenn es sicher ist. Zum Beispiel, wenn dein Sohn sein Spielzeug nicht aufräumt, kann es sein, dass er es später nicht findet. Das hilft ihm, Verantwortung zu übernehmen.

Beispiel: Wenn dein Sohn sein Fahrrad draußen stehen lässt, obwohl du ihn gebeten hast, es wegzuräumen, könntest du sagen: „Wenn du dein Fahrrad nicht wegräumst, könnte es nass werden oder kaputtgehen. Das wäre schade, oder?"

12.4 Grenzen setzen ohne Angst oder Druck

Grenzen sollten nicht durch Angst oder Druck vermittelt werden, sondern durch Respekt und Verständnis. Dein Sohn soll lernen, warum bestimmte Regeln wichtig sind, und nicht aus Angst vor Strafe gehorchen.

Tipp: Erkläre die Gründe für deine Entscheidungen und zeige Verständnis für die Gefühle deines Sohnes. Zum Beispiel: „Ich verstehe, dass du wütend bist, weil du nicht fernsehen darfst, aber zu viel Bildschirmzeit ist nicht gut für dich."

Beispiel: Wenn dein Sohn wütend wird, weil er nicht fernsehen darf, könntest du sagen: „Ich sehe, dass du enttäuscht bist. Wir haben vereinbart, dass wir nur eine Folge schauen, und das ist jetzt vorbei. Lass uns stattdessen etwas zusammen spielen."

12.5 Ein starkes „Nein" mit einem liebevollen „Ja" verbinden

Ein „Nein" muss nicht hart oder abweisend sein. Es kann mit einem liebevollen „Ja" verbunden werden, das deinem Sohn zeigt, dass du seine Bedürfnisse verstehst, aber trotzdem Grenzen setzt.

Tipp: Kombiniere dein „Nein" mit einer positiven Alternative oder einer Erklärung. Zum Beispiel: „Nein, du kannst jetzt nicht draußen spielen, weil es regnet. Aber wir können drinnen ein Puzzle machen oder ein Buch lesen."

Beispiel: Wenn dein Sohn im Regen raus möchte, könntest du sagen: „Nein, draußen ist es zu nass, aber wir können drinnen eine Höhle bauen und darin spielen. Das wird bestimmt lustig!"

„Nein" zu sagen ist ein wichtiger Teil der Erziehung, der deinem Sohn hilft, Sicherheit, Respekt und Selbstdisziplin zu lernen. Indem du liebevoll und konsequent Grenzen setzt, zeigst du deinem Sohn, dass du ihn liebst und für ihn da bist, auch wenn du manchmal „Nein" sagen musst. Denke daran, dass Grenzen nicht dazu da sind, um dein Kind einzuschränken, sondern um ihm Halt und Orientierung zu geben. Mit Geduld, Verständnis und Liebe kannst du deinem Sohn helfen, diese Grenzen zu akzeptieren und daran zu wachsen.

Schreibe nun cirka 500 wörter zu 13.

13. Spielen ist Lernen – Die beste Vorbereitung auf die Zukunft

Spielen ist weit mehr als nur ein Zeitvertreib für Kinder. Es ist die wichtigste Art und Weise, wie sie die Welt entdecken, Fähigkeiten entwickeln und sich auf das Leben vorbereiten. Für 2-5-jährige Jungen ist Spielen eine natürliche und effektive Methode, um kognitive, soziale, emotionale und motorische Fähigkeiten zu fördern. In diesem Kapitel geht es darum, warum Spielen so wichtig ist, welche Arten von Spielen welche Fähigkeiten fördern und wie du deinem Sohn die besten Voraussetzungen fürs Spielen schaffen kannst.

13.1 Warum Spielen keine Zeitverschwendung ist

Spielen ist die „Arbeit" des Kindes. Durch Spielen lernen Kinder, Probleme zu lösen, kreativ zu denken, mit anderen zu interagieren und ihre körperlichen Fähigkeiten zu entwickeln. Es ist eine ganzheitliche Lernmethode, die alle Bereiche der Entwicklung fördert.

Tipp: Schaffe eine Umgebung, die zum Spielen anregt, und gib deinem Sohn genug Zeit und Raum, um frei zu spielen. Vermeide es, seinen Spielzeitplan zu sehr zu strukturieren.

Beispiel: Wenn dein Sohn mit Bauklötzen spielt, könntest du sagen: „Das ist toll, was du da baust! Erzähl mir, was du da machst." So zeigst du Interesse und förderst seine Kreativität.

13.2 Welche Spiele fördern welche Fähigkeiten?

Unterschiedliche Arten von Spielen fördern unterschiedliche Fähigkeiten. Konstruktionsspiele wie Bauklötze fördern die Feinmotorik und das räumliche Denken, während Rollenspiele die sozialen und emotionalen Fähigkeiten stärken.

Tipp: Biete eine Vielzahl von Spielzeugen und Aktivitäten an, die verschiedene Fähigkeiten fördern. Zum Beispiel Puzzle für die kognitive Entwicklung, Bälle für die motorischen Fähigkeiten und Puppen oder Spielzeugautos für Rollenspiele.

Beispiel: Wenn dein Sohn mit Puppen spielt, könntest du vorschlagen: „Lass uns eine Geschichte spielen, in der die Puppe zum Arzt geht. Was denkst du, wird der Arzt machen?"

13.3 Von Bauen, Malen und Toben – kreative Ideen

Kreatives Spielen ist eine großartige Möglichkeit, die Fantasie und Kreativität deines Sohnes zu fördern. Ob Bauen, Malen oder Toben – jede Aktivität bietet neue Lernmöglichkeiten.

Tipp: Ermutige deinen Sohn, verschiedene Materialien und Techniken auszuprobieren. Gib ihm die Freiheit, seine eigenen Ideen umzusetzen, ohne zu viel einzugreifen.

Beispiel: Wenn dein Sohn malt, könntest du sagen: „Das ist ein tolles Bild! Erzähl mir, was du gemalt hast." So zeigst du Interesse und förderst seine Kreativität.

13.4 Freispiel oder angeleitete Aktivitäten?

Freispiel, bei dem dein Sohn selbst entscheidet, was und wie er spielt, ist genauso wichtig wie angeleitete Aktivitäten, bei denen du eine bestimmte Aufgabe oder ein Spiel vorschlägst. Beide Formen haben ihre Vorteile und sollten in einem ausgewogenen Verhältnis stehen.

Tipp: Plane sowohl freie Spielzeiten als auch angeleitete Aktivitäten in den Tagesablauf ein. Beobachte, was dein Sohn im Freispiel macht, und nutze diese Erkenntnisse, um gezielte Aktivitäten vorzuschlagen.

Beispiel: Wenn dein Sohn im Freispiel oft mit Autos spielt, könntest du vorschlagen: „Lass uns eine Rennstrecke bauen und ein Autorennen veranstalten."

13.5 Warum Langeweile ein Geschenk ist

Langeweile wird oft als etwas Negatives angesehen, aber sie kann ein Geschenk sein. Sie regt die Kreativität an und gibt deinem Sohn die Möglichkeit, eigene Ideen zu entwickeln und umzusetzen.

Tipp: Lass deinen Sohn ruhig auch mal langweilen, ohne sofort eine Beschäftigung anzubieten. Das fördert seine Kreativität und Selbstständigkeit.

Beispiel: Wenn dein Sohn sich langweilt, könntest du sagen: „Ich weiß, dass du dich langweilst, aber das ist eine gute Gelegenheit, etwas Neues auszuprobieren. Vielleicht findest du ja ein tolles Spiel, das du alleine spielen kannst."

Spielen ist die beste Vorbereitung auf die Zukunft. Es fördert nicht nur die kognitive, soziale, emotionale und motorische Entwicklung deines Sohnes, sondern macht auch Spaß und stärkt eure Beziehung. Indem du eine anregende Spielumgebung schaffst, verschiedene Arten von Spielen förderst und deinem Sohn die Freiheit gibst, seine eigenen Ideen umzusetzen, kannst du ihm helfen, sich optimal zu entwickeln. Denke daran, dass Spielen keine Zeitverschwendung ist, sondern eine wertvolle Investition in die Zukunft deines Kindes. Mit Geduld, Kreativität und Liebe kannst du deinem Sohn die besten Voraussetzungen fürs Spielen und Lernen bieten.

14. Gefühle verstehen und ausdrücken

Die emotionale Entwicklung ist ein zentraler Bestandteil des Heranwachsens. Für 2-5-jährige Jungen ist es eine große Herausforderung, ihre Gefühle zu verstehen, zu benennen und angemessen auszudrücken. In diesem Alter erleben sie eine breite Palette von Emotionen – von Freude und Begeisterung bis hin zu Wut, Trauer und Frustration. Als Eltern spielst du eine entscheidende Rolle dabei, deinem Sohn zu helfen, seine Gefühle zu erkennen, zu akzeptieren und konstruktiv damit umzugehen. In diesem Kapitel geht es darum, wie du deinem Sohn emotionale Kompetenz vermitteln kannst und warum es wichtig ist, dass auch Jungen ihre Gefühle zeigen dürfen.

14.1 Wut, Trauer, Freude – Kinder lernen ihre Emotionen kennen

Kinder in diesem Alter erleben eine Vielzahl von Emotionen, aber sie haben oft noch nicht die Worte oder das Verständnis, um diese Gefühle auszudrücken. Es ist wichtig, ihnen zu helfen, ihre Emotionen zu erkennen und zu benennen.

Tipp: Hilf deinem Sohn, seine Gefühle zu identifizieren, indem du sie benennst. Zum Beispiel: „Ich sehe, dass du wütend bist, weil dein Turm umgefallen ist. Das kann wirklich frustrierend sein."

Beispiel: Wenn dein Sohn weint, weil sein Freund sein Spielzeug nicht teilen wollte, könntest du sagen: „Du bist traurig, weil du mit dem Spielzeug spielen wolltest. Das ist okay, Traurigkeit gehört dazu."

14.2 Wie Eltern als Vorbild dienen

Kinder lernen viel durch Beobachtung. Wie du mit deinen eigenen Emotionen umgehst, hat einen großen Einfluss darauf, wie dein Sohn seine Gefühle ausdrückt und reguliert.

Tipp: Zeige deinem Sohn, wie man konstruktiv mit Emotionen umgeht. Zum Beispiel: „Ich bin gerade ein bisschen frustriert, weil ich etwas nicht finde. Ich werde jetzt tief durchatmen und es noch einmal versuchen."

Beispiel: Wenn du wütend bist, könntest du sagen: „Ich bin gerade wütend, aber ich werde jetzt tief durchatmen, um mich zu beruhigen. Wut ist okay, aber wir müssen lernen, damit umzugehen."

14.3 Emotionale Ausbrüche begleiten, nicht unterdrücken

Emotionale Ausbrüche sind ein normaler Teil der kindlichen Entwicklung. Sie sind oft eine Reaktion auf Überforderung oder Frustration. Es ist wichtig, diese Ausbrüche zu begleiten, anstatt sie zu unterdrücken.

Tipp: Bleibe ruhig und zeige Verständnis, wenn dein Sohn einen emotionalen Ausbruch hat. Sage zum Beispiel: „Ich sehe, dass du sehr wütend bist. Lass uns zusammen atmen, damit du dich besser fühlst."

Beispiel: Wenn dein Sohn einen Wutanfall hat, weil er nicht das bekommt, was er möchte, könntest du sagen: „Ich verstehe, dass du enttäuscht bist. Lass uns zusammen atmen und dann reden wir darüber."

14.4 Warum „Jungs weinen nicht" falsch ist

Es ist ein weit verbreitetes Klischee, dass Jungen nicht weinen sollten. Doch Emotionen sind menschlich und sollten nicht geschlechtsspezifisch bewertet werden. Es ist wichtig, dass auch Jungen lernen, ihre Gefühle zu zeigen und zu verarbeiten.

Tipp: Ermutige deinen Sohn, seine Gefühle auszudrücken, egal ob es Freude, Trauer oder Wut ist. Sage zum Beispiel: „Es ist okay, traurig zu sein und zu weinen. Das hilft uns, uns besser zu fühlen."

Beispiel: Wenn dein Sohn weint, weil er sich verletzt hat, könntest du sagen: „Es ist okay zu weinen, wenn man sich wehgetan hat. Ich bin hier, um dich zu trösten."

14.5 Spielerische Methoden zur Emotionserkennung

Spielerische Methoden können deinem Sohn helfen, seine Emotionen besser zu verstehen und auszudrücken. Spiele, Bücher und kreative Aktivitäten bieten eine sichere und unterhaltsame Möglichkeit, über Gefühle zu sprechen.

Tipp: Nutze Spiele und Bücher, die Emotionen thematisieren. Zum Beispiel könntest du ein Buch über Gefühle lesen und darüber sprechen, wie sich die Charaktere fühlen und warum.

Beispiel: Wenn ihr ein Buch über Gefühle lest, könntest du fragen: „Wie fühlt sich der Junge in der Geschichte? Warum ist er traurig? Was könnte ihm helfen, sich besser zu fühlen?"

Die emotionale Entwicklung deines Sohnes ist ein wichtiger Teil seines Heranwachsens. Indem du ihm hilfst, seine Gefühle zu erkennen, zu benennen und auszudrücken, gibst du ihm die Werkzeuge an die Hand, die er braucht, um ein emotional kompetenter Mensch zu werden. Denke daran, dass Emotionen nicht gut oder schlecht sind – sie sind einfach da. Mit Geduld, Verständnis und Liebe kannst du deinem Sohn helfen, seine Gefühle zu akzeptieren und konstruktiv damit umzugehen. So legst du den Grundstein für eine gesunde emotionale Entwicklung und eine starke Persönlichkeit.

15. Vorbild sein – Eltern als wichtigste Lehrer

Eltern sind die ersten und wichtigsten Vorbilder für ihre Kinder. Dein Sohn beobachtet dich genau und lernt von dir, wie man sich verhält, wie man mit anderen umgeht und wie man Herausforderungen meistert. In den ersten Lebensjahren prägst du nicht nur seine Werte und Einstellungen, sondern auch seine Fähigkeit, Beziehungen zu gestalten und Konflikte zu lösen. In diesem Kapitel geht es darum, wie du als Vorbild für deinen Sohn agieren kannst, warum dein Verhalten so wichtig ist und wie du ihm durch dein eigenes Handeln wichtige Lebenslektionen vermittelst.

15.1 Dein Verhalten ist seine Orientierung

Kinder lernen durch Nachahmung. Dein Sohn schaut sich von dir ab, wie man spricht, handelt und auf verschiedene Situationen reagiert. Ob du geduldig, respektvoll oder einfühlsam bist – all diese Verhaltensweisen prägen sein eigenes Verhalten.

Tipp: Sei dir bewusst, dass dein Sohn dich beobachtet und von dir lernt. Versuche, in schwierigen Situationen ruhig und überlegt zu handeln, um ihm ein gutes Vorbild zu sein.

Beispiel: Wenn du dich in einer stressigen Situation befindest, könntest du sagen: „Ich bin gerade ein bisschen gestresst, aber ich werde tief durchatmen und versuchen, eine Lösung zu finden." So zeigst du deinem Sohn, wie man mit Stress umgeht.

15.2 Respekt lernen durch Respekt zeigen

Respekt ist eine der wichtigsten sozialen Fähigkeiten, die dein Sohn lernen kann. Und der beste Weg, ihm Respekt beizubringen, ist, ihn selbst zu zeigen – sowohl ihm gegenüber als auch anderen Menschen.

Tipp: Behandle deinen Sohn und andere Menschen mit Respekt und Höflichkeit. Zeige ihm, dass jeder Mensch Wertschätzung verdient, unabhängig von Alter, Herkunft oder Meinung.

Beispiel: Wenn du mit deinem Sohn sprichst, könntest du sagen: „Ich höre dir zu, weil das, was du sagst, wichtig ist." So zeigst du ihm, dass seine Gedanken und Gefühle respektiert werden.

15.3 Warum Ehrlichkeit von klein auf wichtig ist

Ehrlichkeit ist eine grundlegende Tugend, die deinem Sohn hilft, vertrauenswürdige Beziehungen aufzubauen. Indem du ehrlich bist, zeigst du ihm, dass Wahrheit und Integrität wichtig sind.

Tipp: Sei ehrlich zu deinem Sohn, auch wenn es manchmal schwierig ist. Erkläre ihm, warum Ehrlichkeit wichtig ist, und lobe ihn, wenn er ehrlich ist.

Beispiel: Wenn dein Sohn eine kleine Lüge erzählt, könntest du sagen: „Ich weiß, dass es manchmal schwer ist, die Wahrheit zu sagen, aber es ist wichtig, ehrlich zu sein. Ich bin stolz auf dich, wenn du die Wahrheit sagst.“

15.4 Fehler machen und daraus lernen

Niemand ist perfekt, und das gilt auch für Eltern. Fehler zu machen ist menschlich, und es ist wichtig, dass dein Sohn sieht, wie man damit umgeht. Indem du zeigst, dass man aus Fehlern lernen kann, vermittelst du ihm eine wertvolle Lebenslektion.

Tipp: Stehe zu deinen Fehlern und zeige deinem Sohn, wie man daraus lernt. Zum Beispiel: „Ich habe heute einen Fehler gemacht, aber ich werde daraus lernen und es beim nächsten Mal besser machen.“

Beispiel: Wenn du versehentlich etwas falsch gemacht hast, könntest du sagen: „Es tut mir leid, dass ich das vergessen habe. Beim nächsten Mal werde ich mir eine Notiz machen, damit es nicht noch einmal passiert.“

15.5 Das Familienklima als Schlüssel zur Erziehung

Das Klima in der Familie hat einen großen Einfluss auf die Entwicklung deines Sohnes. Ein liebevolles, unterstützendes und respektvolles Umfeld hilft ihm, sich sicher und geborgen zu fühlen und positive Werte zu verinnerlichen.

Tipp: Schaffe ein Familienklima, das von Liebe, Respekt und Offenheit geprägt ist. Zeige deinem Sohn, dass er sich immer auf dich verlassen kann und dass seine Gefühle und Meinungen wichtig sind.

Beispiel: Wenn ihr als Familie zusammen seid, könntest du sagen: „Ich liebe es, wenn wir alle zusammen sind. Wir sind ein Team, und wir unterstützen uns gegenseitig.“

Als Eltern bist du das wichtigste Vorbild für deinen Sohn. Dein Verhalten, deine Werte und deine Einstellungen prägen seine Entwicklung und sein Verhalten. Indem du respektvoll, ehrlich und liebevoll handelst, zeigst du ihm, wie man ein guter Mensch wird. Denke daran, dass du nicht perfekt sein musst – es geht darum, authentisch zu sein und aus Fehlern zu lernen. Mit Geduld, Liebe und Verständnis kannst du deinem Sohn die besten Voraussetzungen für ein glückliches und erfülltes Leben bieten.

16. Selbstbewusstsein stärken – Kleine Helden im Alltag

Selbstbewusstsein ist eine der wichtigsten Eigenschaften, die du deinem Sohn mit auf den Weg geben kannst. Ein starkes Selbstbewusstsein hilft ihm,

Herausforderungen mutig zu begegnen, sich in sozialen Situationen sicher zu fühlen und seine eigenen Fähigkeiten zu erkennen und zu schätzen. In diesem Kapitel geht es darum, wie du das Selbstbewusstsein deines Sohnes stärken kannst, warum Lob allein nicht ausreicht und wie du ihm hilfst, mit Frustration und Misserfolgen umzugehen.

16.1 Warum Lob allein nicht reicht

Lob ist wichtig, um das Selbstbewusstsein deines Sohnes zu stärken, aber es reicht nicht aus, ihn einfach nur zu loben. Es ist wichtig, dass das Lob spezifisch und ehrlich ist und dass dein Sohn auch lernt, aus eigenen Erfolgen und Misserfolgen zu lernen.

Tipp: Verwende spezifisches Lob, das sich auf konkrete Handlungen oder Anstrengungen bezieht. Zum Beispiel: „Ich bin stolz auf dich, dass du so lange an dem Puzzle gearbeitet hast, bis du es geschafft hast."

Beispiel: Wenn dein Sohn ein Bild malt, könntest du sagen: „Ich liebe die Farben, die du verwendet hast. Das zeigt, wie kreativ du bist."

16.2 Selbstständigkeit fördern, aber wie?

Selbstständigkeit ist ein wichtiger Bestandteil des Selbstbewusstseins. Indem du deinem Sohn erlaubst, Dinge selbst zu tun, zeigst du ihm, dass du ihm zutraust, Herausforderungen zu meistern.

Tipp: Gib deinem Sohn altersgerechte Aufgaben, die er selbstständig erledigen kann. Zum Beispiel: „Kannst du bitte deine Spielsachen aufräumen? Ich weiß, dass du das alleine schaffst."

Beispiel: Wenn dein Sohn sich selbst anziehen möchte, könntest du sagen: „Versuche es selbst, und wenn du Hilfe brauchst, bin ich hier, um dir zu helfen."

16.3 Erfolgserlebnisse bewusst ermöglichen

Erfolgserlebnisse sind entscheidend für das Selbstbewusstsein deines Sohnes. Sie zeigen ihm, dass er fähig ist, Herausforderungen zu meistern und Ziele zu erreichen.

Tipp: Schaffe Situationen, in denen dein Sohn Erfolgserlebnisse haben kann. Zum Beispiel könntest du ihm ein Puzzle geben, das seinem Alter entspricht, oder ihn ermutigen, eine neue Fähigkeit zu erlernen.

Beispiel: Wenn dein Sohn zum ersten Mal alleine aufs Töpfchen geht, könntest du sagen: „Das hast du toll gemacht! Ich bin so stolz auf dich, dass du das alleine geschafft hast."

16.4 Der Umgang mit Frustration und Misserfolgen

Frustration und Misserfolge sind ein natürlicher Teil des Lebens. Es ist wichtig, dass dein Sohn lernt, damit umzugehen, ohne sein Selbstbewusstsein zu verlieren.

Tipp: Hilf deinem Sohn, Frustration und Misserfolge als Lernmöglichkeiten zu sehen. Zum Beispiel: „Es ist okay, dass es nicht geklappt hat. Lass uns darüber nachdenken, was wir beim nächsten Mal anders machen können."

Beispiel: Wenn dein Sohn frustriert ist, weil er ein Spiel nicht gewonnen hat, könntest du sagen: „Ich verstehe, dass du enttäuscht bist, aber du hast wirklich gut gespielt. Beim nächsten Mal klappt es bestimmt besser."

16.5 Die Balance zwischen Ermutigung und Schutz

Es ist wichtig, deinen Sohn zu ermutigen, neue Dinge auszuprobieren, aber auch, ihn vor überwältigenden Situationen zu schützen. Finde die Balance zwischen Herausforderung und Unterstützung.

Tipp: Ermutige deinen Sohn, neue Dinge auszuprobieren, aber sei da, um ihn zu unterstützen, wenn er Hilfe braucht. Zum Beispiel: „Versuche es selbst, und wenn du nicht weiterweißt, helfe ich dir gerne."

Beispiel: Wenn dein Sohn zum ersten Mal auf einem Klettergerüst klettert, könntest du sagen: „Du schaffst das! Ich bin hier, um dich zu sichern, falls du Hilfe brauchst."

Das Selbstbewusstsein deines Sohnes zu stärken, ist eine der wichtigsten Aufgaben in der Erziehung. Indem du spezifisches Lob verwendest, seine Selbstständigkeit förderst, Erfolgserlebnisse ermöglicht und ihm hilfst, mit Frustration und Misserfolgen umzugehen, kannst du ihm helfen, ein starkes und gesundes Selbstbewusstsein zu entwickeln. Denke daran, dass Selbstbewusstsein nicht über Nacht entsteht, sondern durch viele kleine Erfahrungen und Erfolge wächst. Mit Geduld, Liebe und Unterstützung kannst du deinem Sohn helfen, zu einem selbstbewussten und resilienten kleinen Helden heranzuwachsen.

17. Ein starkes Eltern-Kind-Band schaffen

Die Bindung zwischen Eltern und Kind ist die Grundlage für eine gesunde emotionale und soziale Entwicklung. Ein starkes Eltern-Kind-Band gibt deinem Sohn Sicherheit, Vertrauen und das Gefühl, geliebt und geschätzt zu werden. Diese Bindung entsteht nicht von allein – sie wird durch liebevolle Interaktionen, gemeinsame Zeit und gegenseitiges Verständnis aufgebaut. In diesem Kapitel geht es darum, wie du eine tiefe und vertrauensvolle Beziehung zu deinem Sohn aufbaust und warum diese Bindung so wichtig für seine Entwicklung ist.

17.1 Warum die Bindung in den ersten Jahren so wichtig ist

Die ersten Lebensjahre sind entscheidend für die Entwicklung einer sicheren Bindung. In dieser Zeit lernt dein Sohn, ob er sich auf dich verlassen kann und ob die Welt ein sicherer Ort ist. Eine sichere Bindung bildet die Basis für sein Selbstvertrauen, seine emotionalen Fähigkeiten und seine zukünftigen Beziehungen.

Tipp: Reagiere sensibel auf die Bedürfnisse deines Sohnes. Zeige ihm, dass du für ihn da bist, wenn er dich braucht, sei es durch Trost, Zuwendung oder einfach durch deine Anwesenheit.

Beispiel: Wenn dein Sohn weint, weil er sich verletzt hat, könntest du sagen: „Ich bin hier, um dich zu trösten. Du bist sicher, und ich passe auf dich auf."

17.2 Quality Time trotz Stress und Alltag

Im hektischen Alltag kann es schwierig sein, genug Zeit mit deinem Sohn zu verbringen. Doch es geht nicht um die Menge, sondern um die Qualität der Zeit, die ihr gemeinsam verbringt. Schon kleine Momente der Aufmerksamkeit können eine große Wirkung haben.

Tipp: Plane regelmäßige Quality-Time-Aktivitäten, die euch beiden Spaß machen. Das kann ein gemeinsames Spiel, eine Geschichte vor dem Schlafengehen oder ein Spaziergang im Park sein.

Beispiel: Wenn du nach einem langen Arbeitstag nach Hause kommst, könntest du sagen: „Lass uns zusammen ein Buch lesen, bevor wir Abendessen. Das ist unsere besondere Zeit."

17.3 Kleine Rituale für eine starke Verbindung

Rituale schaffen Sicherheit und stärken die Bindung zwischen dir und deinem Sohn. Sie sind wiederkehrende Momente der Verbundenheit, die eure Beziehung festigen.

Tipp: Entwickle kleine Rituale, die ihr täglich oder wöchentlich durchführt. Das kann ein besonderer Gute-Nacht-Kuss, ein gemeinsames Lied oder ein Wochenendfrühstück sein.

Beispiel: Wenn ihr jeden Abend vor dem Schlafengehen ein bestimmtes Lied singt, könntest du sagen: „Das ist unser besonderes Lied. Es erinnert mich daran, wie sehr ich dich liebe."

17.4 Körperkontakt und Nähe – die Geheimwaffe der Erziehung

Körperkontakt ist eine der einfachsten und effektivsten Möglichkeiten, um eine starke Bindung aufzubauen. Umarmungen, Kuscheln und sanfte Berührungen vermitteln deinem Sohn Sicherheit und Geborgenheit.

Tipp: Nutze jede Gelegenheit für körperliche Nähe. Das kann eine Umarmung am Morgen, ein Kuscheln auf dem Sofa oder ein gemeinsames Schaukeln im Garten sein.

Beispiel: Wenn dein Sohn traurig ist, könntest du ihn in den Arm nehmen und sagen: „Ich bin hier, um dich zu halten. Du bist nicht allein."

17.5 Wie Zuhören das Vertrauen stärkt

Aktives Zuhören ist eine der wichtigsten Fähigkeiten, um eine starke Bindung aufzubauen. Es zeigt deinem Sohn, dass seine Gedanken und Gefühle wichtig sind und dass du ihn ernst nimmst.

Tipp: Nimm dir Zeit, um deinem Sohn zuzuhören, ohne zu unterbrechen oder zu urteilen. Zeige Interesse an dem, was er sagt, und bestätige seine Gefühle.

Beispiel: Wenn dein Sohn von seinem Tag im Kindergarten erzählt, könntest du sagen: „Das klingt, als hättest du viel Spaß gehabt. Erzähl mir mehr darüber."

Ein starkes Eltern-Kind-Band ist die Grundlage für eine gesunde und glückliche Entwicklung deines Sohnes. Indem du sensibel auf seine Bedürfnisse eingehst, Quality Time schaffst, Rituale etablierst, körperliche Nähe zeigst und aktiv zuhörst, kannst du eine tiefe und vertrauensvolle Beziehung aufbauen. Diese Bindung gibt deinem Sohn das Gefühl, geliebt und geschätzt zu werden, und hilft ihm, sich sicher und geborgen zu fühlen. Mit Geduld, Liebe und Aufmerksamkeit kannst du deinem Sohn die beste Voraussetzung für ein erfülltes und glückliches Leben bieten.

18. Kleine Forscher – Die Welt mit Neugier entdecken

Kinder sind von Natur aus neugierig. Sie wollen die Welt um sich herum verstehen, erforschen und entdecken. Für 2-5-jährige Jungen ist diese Neugier ein wichtiger Antrieb für ihre kognitive, emotionale und soziale Entwicklung. In diesem Kapitel geht es darum, wie du die natürliche Neugier deines Sohnes fördern kannst, warum Fragen wie „Warum?" so wichtig sind und wie du ihm dabei hilfst, die Welt mit allen Sinnen zu erkunden.

18.1 Warum „Warum?" die häufigste Frage ist

„Warum?" ist eine der häufigsten Fragen, die kleine Kinder stellen. Diese Frage zeigt, dass dein Sohn versucht, die Welt zu verstehen und Zusammenhänge zu erkennen. Sie ist ein Zeichen seiner wachsenden kognitiven Fähigkeiten und seines Wissensdurstes.

Tipp: Nimm die Fragen deines Sohnes ernst und beantworte sie geduldig. Wenn du die Antwort nicht kennst, könnt ihr gemeinsam nachforschen.

Beispiel: Wenn dein Sohn fragt: „Warum ist der Himmel blau?", könntest du sagen: „Das ist eine gute Frage! Lass uns zusammen in einem Buch nachschauen oder im Internet recherchieren, um die Antwort zu finden."

18.2 Entdeckungsreisen im Alltag

Die Welt steckt voller Wunder, die es zu entdecken gilt. Du musst nicht weit reisen, um deinem Sohn spannende Entdeckungen zu ermöglichen – oft reicht schon ein Spaziergang im Park oder ein Besuch im Garten.

Tipp: Nutze alltägliche Situationen, um die Neugier deines Sohnes zu wecken. Zeige ihm die kleinen Details, die oft übersehen werden, wie Insekten, Pflanzen oder verschiedene Geräusche.

Beispiel: Wenn ihr im Park spazieren geht, könntest du sagen: „Schau mal, da ist ein Käfer! Lass uns beobachten, was er macht. Vielleicht können wir herausfinden, wie er heißt."

18.3 Naturwissenschaft spielerisch vermitteln

Naturwissenschaftliche Konzepte können schon im frühen Alter spielerisch vermittelt werden. Experimente und Beobachtungen helfen deinem Sohn, die Welt zu verstehen und seine Neugier zu stillen.

Tipp: Führe einfache Experimente durch, die die Neugier deines Sohnes wecken und ihm grundlegende wissenschaftliche Prinzipien nahebringen. Zum Beispiel könnt ihr gemeinsam beobachten, wie Wasser gefriert oder wie Pflanzen wachsen.

Beispiel: Wenn ihr ein Experiment mit Wasser und Eis macht, könntest du sagen: „Lass uns sehen, was passiert, wenn wir das Eis in die Sonne legen. Wird es schmelzen? Warum, glaubst du?"

18.4 Der Wert von Experimenten und Beobachtungen

Experimente und Beobachtungen fördern nicht nur das wissenschaftliche Denken, sondern auch die Problemlösungsfähigkeiten und die Kreativität deines Sohnes. Sie helfen ihm, Hypothesen aufzustellen und Schlussfolgerungen zu ziehen.

Tipp: Ermutige deinen Sohn, Fragen zu stellen und Vermutungen anzustellen. Lass ihn selbst experimentieren und entdecken, ohne zu viel einzugreifen.

Beispiel: Wenn ihr gemeinsam Blätter sammelt, könntest du fragen: „Warum sind einige Blätter grün und andere gelb? Lass uns herausfinden, ob es daran liegt, wie viel Sonne sie bekommen."

18.5 Kreative Bastelideen für kleine Forscher

Basteln ist eine großartige Möglichkeit, die Kreativität und die feinmotorischen Fähigkeiten deines Sohnes zu fördern. Gleichzeitig kann es ihm helfen, seine Entdeckungen auszudrücken und zu verarbeiten.

Tipp: Biete Bastelprojekte an, die mit den Entdeckungen deines Sohnes zusammenhängen. Zum Beispiel könnt ihr Blätter pressen, Insekten aus Papier basteln oder ein Modell des Sonnensystems erstellen.

Beispiel: Wenn ihr Blätter gesammelt habt, könntest du vorschlagen: „Lass uns die Blätter pressen und ein Herbarium daraus machen. So können wir sie immer wieder anschauen und uns an unseren Spaziergang erinnern."

Die Welt ist voller Wunder, die es zu entdecken gilt. Indem du die natürliche Neugier deines Sohnes förderst, ihm Fragen beantwortest, Experimente durchführst und kreative Bastelprojekte anbietest, kannst du ihm helfen, die Welt mit allen Sinnen zu erkunden. Diese Entdeckungsreisen fördern nicht nur sein Wissen, sondern auch seine Kreativität, sein Selbstbewusstsein und seine Liebe zum Lernen. Mit Geduld, Begeisterung und Unterstützung kannst du deinem Sohn die Welt als einen spannenden und faszinierenden Ort zeigen, den es zu erforschen gilt.

19. Musik und Bewegung als Entwicklungsmotoren

Musik und Bewegung sind nicht nur unterhaltsam, sondern auch entscheidend für die ganzheitliche Entwicklung deines Kindes. Sie fördern die motorischen, kognitiven, emotionalen und sozialen Fähigkeiten und bieten eine wunderbare Möglichkeit, die Welt auf spielerische Weise zu erkunden. Für 2-5-jährige Jungen sind Musik und

Bewegung besonders wichtig, da sie ihre natürliche Energie kanalisieren und ihre Kreativität anregen. In diesem Kapitel geht es darum, wie du Musik und Bewegung in den Alltag deines Sohnes integrieren kannst und warum sie so wertvoll für seine Entwicklung sind.

19.1 Warum Musik Kinder glücklich macht

Musik hat eine magische Wirkung auf Kinder. Sie weckt Emotionen, regt die Fantasie an und schafft eine fröhliche und entspannte Atmosphäre. Musik kann deinem Sohn helfen, sich auszudrücken und seine Gefühle zu verarbeiten.

Tipp: Integriere Musik in den Alltag deines Sohnes. Das kann gemeinsames Singen, Tanzen oder das Hören von verschiedenen Musikstilen sein. Achte darauf, dass die Musik altersgerecht und abwechslungsreich ist.

Beispiel: Wenn ihr zusammen im Auto fahrt, könntet ihr gemeinsam ein Lied singen oder eine CD mit Kinderliedern hören. Das macht nicht nur Spaß, sondern fördert auch die sprachliche Entwicklung.

19.2 Tanz und Bewegung zur Förderung von Motorik

Tanz und Bewegung sind hervorragende Möglichkeiten, um die motorischen Fähigkeiten deines Sohnes zu fördern. Sie helfen ihm, seinen Körper besser zu kontrollieren, sein Gleichgewicht zu verbessern und seine Koordination zu stärken.

Tipp: Schaffe Möglichkeiten für deinen Sohn, sich zu bewegen und zu tanzen. Das kann ein Tanzwettbewerb im Wohnzimmer, ein Besuch im Kinderturnen oder einfach freies Tanzen zur Musik sein.

Beispiel: Wenn dein Sohn voller Energie ist, könntest du vorschlagen: „Lass uns eine Tanzparty machen! Wir schalten Musik an und tanzen, bis wir müde sind."

19.3 Musikinstrumente ausprobieren

Das Spielen von Musikinstrumenten fördert nicht nur die musikalischen Fähigkeiten deines Sohnes, sondern auch seine Feinmotorik, seine Konzentration und sein Selbstbewusstsein. Es gibt viele altersgerechte Instrumente, die dein Sohn ausprobieren kann.

Tipp: Biete deinem Sohn verschiedene Instrumente an, wie Trommeln, Xylophone oder einfache Blasinstrumente. Ermutige ihn, die Instrumente auszuprobieren und eigene Klänge zu erzeugen.

Beispiel: Wenn ihr zusammen musiziert, könntest du sagen: „Lass uns ein kleines Konzert geben. Du spielst die Trommel, und ich spiele das Xylophon. Wir machen unsere eigene Musik!"

19.4 Singen als Kommunikationsform

Singen ist eine wunderbare Möglichkeit, um die sprachliche Entwicklung deines Sohnes zu fördern und gleichzeitig eine enge emotionale Bindung aufzubauen. Lieder helfen ihm, neue Wörter zu lernen und seine Aussprache zu verbessern.

Tipp: Singe regelmäßig mit deinem Sohn. Das können Kinderlieder, Reime oder selbst erfundene Lieder sein. Singen kann auch ein Teil der täglichen Routine sein, wie zum Beispiel ein Schlaflied vor dem Schlafengehen.

Beispiel: Wenn ihr zusammen ein Schlaflied singt, könntest du sagen: „Das ist unser besonderes Lied. Es hilft uns, uns zu entspannen und uns auf den Schlaf vorzubereiten."

19.5 Wie Rhythmen beim Lernen helfen

Rhythmen und Musik können das Lernen unterstützen, indem sie die Aufmerksamkeit und das Gedächtnis fördern. Rhythmisches Klatschen, Tanzen oder das Spielen von Instrumenten kann deinem Sohn helfen, sich besser zu konzentrieren und Informationen leichter zu behalten.

Tipp: Nutze Rhythmen und Musik, um Lerninhalte zu vermitteln. Zum Beispiel könnt ihr ein Lied über die Zahlen oder das Alphabet singen.

Beispiel: Wenn dein Sohn Schwierigkeiten hat, sich die Zahlen zu merken, könntest du vorschlagen: „Lass uns ein Lied über die Zahlen singen. So kannst du sie dir leichter merken."

Musik und Bewegung sind mächtige Werkzeuge, um die Entwicklung deines Sohnes zu fördern. Sie bieten nicht nur Spaß und Unterhaltung, sondern unterstützen auch seine motorischen, kognitiven, emotionalen und sozialen Fähigkeiten. Indem du Musik und Bewegung in den Alltag integrierst, kannst du deinem Sohn helfen, seine Energie positiv zu kanalisieren, seine Kreativität zu entfalten und seine Liebe zur Musik und Bewegung zu entdecken. Mit Begeisterung, Geduld und Unterstützung kannst du deinem Sohn eine Welt voller Klänge, Rhythmen und Bewegungen eröffnen, die ihn glücklich und gesund aufwachsen lässt.

20. Der Umgang mit Ängsten und Unsicherheiten

20.1 Warum Kinder vor Monstern unter dem Bett Angst haben

Kleine Kinder haben eine blühende Fantasie – und genau diese Vorstellungskraft kann Ängste erzeugen. Ein Schatten an der Wand wird zum Monster, ein Knarren im Haus klingt bedrohlich. Solche Ängste treten häufig beim Einschlafen auf, da Kinder den Tag verarbeiten.

👉 **Tipp:** Anstatt die Angst herunterzuspielen („Da ist doch nichts"), sprich mit deinem Kind darüber. Frage: *„Wie sieht das Monster aus? Was macht es?"* Manchmal hilft es, eine kreative Lösung zu finden – zum Beispiel mit einem **Anti-Monster-Spray** (eine Sprühflasche mit Wasser) oder einem besonderen Kuscheltier als „Schutzengel".

20.2 Wie Eltern Sicherheit vermitteln können

Kinder brauchen feste Bezugspersonen, die ihnen das Gefühl geben, dass sie in einer sicheren Umgebung aufwachsen. Eine liebevolle, aber konsequente Begleitung hilft, Unsicherheiten zu reduzieren.

👉 **Tipp:** Rituale wie ein abendliches Vorlesen oder eine kurze Kuschelzeit vor dem Schlafengehen geben Sicherheit. Auch beruhigende Worte wie *„Ich passe auf dich auf"* oder *„Du bist sicher"* helfen, Ängste abzubauen.

20.3 Ängste ernst nehmen, aber nicht verstärken

Viele Eltern sind unsicher, wie sie auf die Ängste ihrer Kinder reagieren sollen. Ignorieren ist ebenso kontraproduktiv wie übermäßiges Trösten. Beides kann das Gefühl verstärken, dass die Angst unkontrollierbar ist.

👉 **Tipp:** Nimm die Angst deines Kindes ernst, aber behalte selbst eine ruhige Haltung. Ein Beispiel: Wenn dein Kind Angst vor Gewitter hat, erkläre ruhig: *„Das ist ein Gewitter, das macht die Pflanzen stark. Wir sind hier drinnen geschützt."* Dadurch lernt es, die Situation einzuordnen.

20.4 Mut fördern durch kleine Herausforderungen

Kinder wachsen durch Erfahrungen. Wer lernt, sich seinen Ängsten zu stellen, wird selbstbewusster. Deshalb ist es wichtig, Kindern zu helfen, Schritt für Schritt mutiger zu werden.

👉 **Beispiel:**
Hat dein Kind Angst, allein zum Bäcker zu gehen? Begleite es erst hinein. Beim nächsten Mal wartest du an der Tür, bis es allein hineingeht. So erlebt es schrittweise Erfolgserlebnisse.

Ein weiteres Beispiel: Dein Kind traut sich nicht auf die große Rutsche? Dann kannst du gemeinsam die Stufen hinaufsteigen und oben gemeinsam tief durchatmen. Wenn es sich beim ersten Mal nicht traut, dann reicht es, einfach oben zu stehen. Beim nächsten Mal geht es vielleicht einen Schritt weiter.

20.5 Geschichten als Mittel zur Angstbewältigung

Kinder verarbeiten Emotionen oft über Geschichten. Sie identifizieren sich mit mutigen Helden und lernen dabei, dass Ängste überwunden werden können.

👉 **Tipp:**
Lies deinem Kind Geschichten von Tieren oder Kindern vor, die mit ihrer Angst umgehen lernen. Nach dem Vorlesen kannst du gemeinsam überlegen:
„Wie hat der kleine Hase seine Angst vor der Dunkelheit überwunden? Und was kannst du tun, wenn du dich fürchtest?"

Fazit

Ängste sind ein natürlicher Teil der kindlichen Entwicklung. Eltern können ihrem Kind helfen, indem sie Sicherheit vermitteln, die Ängste ernst nehmen und gleichzeitig Mut machen. Kleine Herausforderungen fördern das Selbstbewusstsein und helfen dabei, Ängste Schritt für Schritt zu überwinden. Mit Geduld, Empathie und der richtigen Begleitung lernt jedes Kind, dass es stark genug ist, um sich seinen Ängsten zu stellen.

21. Respekt und Höflichkeit von Anfang an lernen

21.1 Warum „Bitte" und „Danke" mehr als nur Worte sind

Höflichkeit ist weit mehr als bloße Erziehung oder Anstand – sie zeigt Respekt und Wertschätzung für andere. Ein Kind, das von klein auf lernt, höflich zu sein, wird nicht nur besser mit anderen umgehen, sondern auch selbst respektvoller behandelt werden.

Tipp:
Anstatt dein Kind ständig zum „Bitte" und „Danke" zu ermahnen, sei selbst ein Vorbild. Kinder lernen am besten durch Nachahmung. Sage also bewusst: *„Kannst du mir bitte die Gabel geben?"* oder *„Danke, dass du mir geholfen hast!"*. So wird Höflichkeit zum natürlichen Bestandteil des Alltags.

21.2 Höflichkeit spielerisch vermitteln

Kinder lernen durch Spielen – und das gilt auch für soziale Fähigkeiten. Wenn Höflichkeit Spaß macht, wird sie viel schneller verinnerlicht.

Spielidee:
Macht gemeinsam ein „Höflichkeits-Spiel". Stell eine Situation nach, zum Beispiel: *„Wie begrüßen wir jemanden höflich?"* oder *„Wie fragt man nach etwas, ohne zu fordern?"*. Nutze Kuscheltiere oder Puppen, um Dialoge spielerisch nachzustellen.

21.3 Wie Eltern als Vorbild dienen können

Kinder beobachten uns ständig. Wenn Eltern respektvoll mit anderen umgehen, lernen Kinder automatisch, dass Höflichkeit selbstverständlich ist.

Tipp:
Achte darauf, wie du mit anderen Menschen sprichst – sei es mit dem Partner, den Großeltern oder einer Kassiererin im Supermarkt. Freundlichkeit im Alltag hat einen starken Einfluss auf das Sozialverhalten deines Kindes.

Beispiel:
Wenn du sagst: *„Oh, der Mann hat mir die Tür aufgehalten. Danke, das war sehr nett von dir!"*, versteht dein Kind, dass Freundlichkeit wertgeschätzt wird.

21.4 Der Unterschied zwischen Respekt und Gehorsam

Viele Eltern wünschen sich, dass ihr Kind Respekt zeigt, verwechseln dies aber mit blindem Gehorsam. Respekt bedeutet nicht, dass ein Kind alles tut, was Erwachsene sagen, sondern dass es lernt, andere wertzuschätzen – und sich selbst ebenfalls.

👉 **Tipp:**

Respekt funktioniert in beide Richtungen. Dein Kind soll lernen, höflich mit anderen zu sein, aber auch seine eigenen Grenzen kennen. Sätze wie *„Ich verstehe, dass du das nicht möchtest. Lass uns eine Lösung finden"* helfen dabei, ein Gleichgewicht zwischen Respekt und Eigenständigkeit zu schaffen.

21.5 Konflikte respektvoll lösen

Streit gehört zum Leben – doch es gibt große Unterschiede, wie damit umgegangen wird. Schon kleine Kinder können lernen, ihre Wünsche und Emotionen zu äußern, ohne andere zu verletzen.

👉 **Tipp:**

Übe mit deinem Kind einfache Formulierungen wie:

❌ *„Gib mir das!"* → ✅ *„Darf ich das bitte auch einmal haben?"*

❌ *„Du bist doof!"* → ✅ *„Ich bin gerade wütend, weil..."*

So lernt dein Kind, dass es auch in schwierigen Situationen respektvoll bleiben kann.

Fazit

Respekt und Höflichkeit sind keine erzwungenen Regeln, sondern ein wichtiger Bestandteil sozialer Beziehungen. Kinder lernen diese Werte am besten durch Vorbilder, spielerisches Lernen und respektvollen Umgang im Alltag. Wer von klein auf erlebt, dass Freundlichkeit geschätzt wird, wird auch als Erwachsener mit anderen wertschätzend umgehen.

22. Teilen, Geduld und soziale Regeln verstehen

22.1 Warum Teilen nicht selbstverständlich ist

Für kleine Kinder ist es ganz natürlich, ihr Spielzeug oder ihr Essen nicht teilen zu wollen. Bis etwa zum vierten oder fünften Lebensjahr befinden sie sich in einer Phase, in der ihr eigenes Bedürfnis nach Besitz im Vordergrund steht.

👉 **Tipp:**

Erwarte nicht, dass dein Kind sofort freiwillig teilt. Fördere stattdessen spielerisch das Verständnis für das Prinzip des Teilens, z. B. durch gemeinsame Aktivitäten: *„Ich teile meinen Apfel mit dir, möchtest du mir auch ein Stück geben?"*

Beispiel:
Lass dein Kind zwei Kekse nehmen – einen für sich und einen für eine andere
Person. So erlebt es aktiv, dass Teilen nicht bedeutet, etwas zu „verlieren", sondern
Freude zu schenken.

22.2 Soziale Regeln im Spiel vermitteln

Kinder lernen soziale Regeln oft am besten durch gemeinsames Spielen. Besonders
bei Gruppenaktivitäten werden Geduld, Rücksicht und das Verstehen von Regeln
geübt.

Tipp:
Brettspiele oder kooperative Spiele (z. B. ein gemeinsames Puzzle) sind eine tolle
Möglichkeit, Regeln und Teamarbeit zu fördern.

Beispiel:
Spielt ein Würfelspiel und erklärt vorab: *„Jetzt ist deine Runde, dann kommt Papa
dran."* So versteht dein Kind, dass jeder mal an der Reihe ist und dass Regeln dem
Spiel Struktur geben.

22.3 Geduld üben – eine große Herausforderung für kleine Kinder

Geduld fällt Kindern schwer, weil sie ihre Bedürfnisse sofort befriedigt haben wollen.
Doch Geduld ist eine wichtige Fähigkeit, die sie später in der Schule und im Leben
benötigen.

Tipp:
Baue bewusst kleine Wartezeiten in den Alltag ein. Zum Beispiel: *„Wir zählen
gemeinsam bis 20, bevor du dein Geschenk auspacken darfst."* Oder: *„Wir schauen
auf die Sanduhr – wenn der Sand unten ist, bist du dran."*

Geduld kann auch durch kreative Spiele gefördert werden, z. B. durch gemeinsames
Backen (Warten, bis der Teig fertig ist) oder Pflanzen gießen (Geduld, bis eine Blume
wächst).

22.4 Vom Egozentriker zum Teamplayer

Kinder lernen erst nach und nach, dass nicht nur ihre eigenen Wünsche zählen,
sondern dass sie Teil einer Gemeinschaft sind.

Tipp:
Gib deinem Kind im Alltag kleine Aufgaben, die das „Wir"-Gefühl fördern. Zum
Beispiel:
- „Kannst du mir helfen, den Tisch zu decken?"
- „Wir bauen gemeinsam einen Turm – ich baue unten, du oben."

Wenn dein Kind merkt, dass es als Teil einer Gruppe geschätzt wird, wird es sich natürlicher in ein Team einfügen.

22.5 Konfliktlösung unter Kindern begleiten

Kinder geraten oft in Streit – sei es um ein Spielzeug oder darum, wer als Erster rutschen darf. Sie müssen erst lernen, wie man Streitigkeiten löst, ohne aggressiv zu werden.

👉 **Tipp:**
Anstatt sich sofort einzumischen, beobachte erst, ob dein Kind die Situation selbst löst. Falls nötig, hilf ihm mit Fragen:

👶 *„Wie können wir das Problem lösen?"*
👶 *„Was würdest du dir wünschen, wenn du dein Freund wärst?"*

Ermutige dein Kind, Vorschläge zu machen, anstatt eine Lösung vorzugeben.

Fazit

Teilen, Geduld und das Verstehen sozialer Regeln sind keine angeborenen Fähigkeiten – sie müssen erlernt werden. Durch spielerische Ansätze, Geduld und liebevolle Begleitung lernen Kinder Schritt für Schritt, mit anderen respektvoll umzugehen und Teil einer Gemeinschaft zu sein.

22. Teilen, Geduld und soziale Regeln verstehen

Das soziale Miteinander ist für kleine Kinder eine große Herausforderung. Sie müssen erst lernen, mit anderen zu kooperieren, aufeinander Rücksicht zu nehmen und zu verstehen, dass ihre Bedürfnisse nicht immer sofort erfüllt werden. Das alles geschieht nicht über Nacht, sondern ist ein Entwicklungsprozess. Eltern können ihr Kind jedoch gezielt dabei unterstützen, indem sie geduldig begleiten, Vorbild sind und spielerisch soziale Regeln vermitteln.

22.1 Warum Teilen nicht selbstverständlich ist

Viele Eltern wundern sich, warum ihr Kind sein Spielzeug nicht freiwillig abgibt, obwohl es in der Kita oder beim Spielen mit Freunden immer wieder dazu ermutigt wird. Doch Teilen ist für kleine Kinder eine große emotionale Herausforderung. Besitz bedeutet für sie Sicherheit, und in den ersten Lebensjahren steht die eigene Bedürfnisbefriedigung noch im Vordergrund. Erst mit etwa vier bis fünf Jahren beginnt sich das Bewusstsein zu entwickeln, dass Teilen eine Form von sozialem Miteinander ist.

👉 **Tipp:**
Anstatt ein Kind zum Teilen zu zwingen („Gib ihm das jetzt!"), ist es hilfreicher, die

positiven Seiten des Teilens zu betonen. Ein Satz wie *„Schau, wenn du ihm dein Auto gibst, kann er auch mitspielen, und dann macht es noch mehr Spaß"* hilft dem Kind, das Teilen als etwas Positives zu erleben.

Beispiel:
Gib deinem Kind zwei Kekse und sage: *„Einen für dich, und einen kannst du jemandem schenken."* So erlebt es, dass Teilen eine Freude sein kann und nicht nur ein Verlust bedeutet.

22.2 Soziale Regeln im Spiel vermitteln

Kinder lernen durch Erfahrung. Soziale Regeln können nicht einfach erklärt werden – sie müssen aktiv erlebt werden. Spiele sind dabei eine wertvolle Möglichkeit, um Geduld, Kooperation und Fairness zu üben.

☞ **Tipp:**
Brettspiele oder einfache Würfelspiele eignen sich hervorragend, um das Prinzip von „Warten, bis man dran ist" spielerisch zu vermitteln.

Beispiel:
Spielt gemeinsam ein Spiel mit Reihenfolge-Regeln. Vor jeder Runde kannst du sagen: *„Jetzt ist Mama dran, dann kommst du."* So versteht dein Kind Schritt für Schritt, dass es nicht immer sofort an der Reihe sein kann.

Auch beim Bauen mit Bausteinen kann man soziale Regeln üben: *„Ich baue einen Stein, dann du."* Das fördert das Gefühl von Kooperation.

22.3 Geduld üben – eine große Herausforderung für kleine Kinder

Geduld ist eine Fähigkeit, die Kinder erst lernen müssen. Alles, was sie sich wünschen, soll am besten sofort geschehen – und wenn nicht, sind Frust und Wut oft vorprogrammiert.

☞ **Tipp:**
Baue kleine Wartezeiten bewusst in den Alltag ein. Beispielsweise kann dein Kind lernen, sich beim Zähneputzen eine Sanduhr anzusehen oder beim Backen zu warten, bis der Kuchen fertig ist.

Beispiel:
Wenn dein Kind ungeduldig nach seinem Lieblingssnack verlangt, sage: *„Ich gebe ihn dir gleich. Lass uns bis zehn zählen, dann ist er da."* So lernt dein Kind, dass Warten manchmal dazugehört.

22.4 Vom Egozentriker zum Teamplayer

Kleine Kinder sind anfangs sehr auf sich selbst bezogen – das ist völlig normal. Erst nach und nach lernen sie, dass es auch wichtig ist, auf andere Rücksicht zu nehmen.

👉 **Tipp:**

Gib deinem Kind kleine Aufgaben, die das Gemeinschaftsgefühl stärken. Zum Beispiel:

☑ „Hilfst du mir, den Tisch zu decken?"

☑ „Lass uns zusammen die Spielsachen aufräumen – ich nehme die Autos, du die Bauklötze."

So versteht dein Kind, dass jeder seinen Teil beiträgt und dass gemeinsames Handeln wichtig ist.

22.5 Konfliktlösung unter Kindern begleiten

Streit um ein Spielzeug oder die Frage, wer zuerst rutschen darf, gehört zum Alltag kleiner Kinder. Doch sie müssen erst lernen, wie man Konflikte fair löst.

👉 **Tipp:**

Wenn ein Streit aufkommt, greife nicht sofort ein, sondern beobachte, ob dein Kind eine eigene Lösung findet. Falls nötig, hilf ihm, indem du Fragen stellst:

👶 *„Wie können wir das Problem lösen?"*

👶 *„Was wäre eine faire Lösung für euch beide?"*

So lernt dein Kind, dass es Wege gibt, um Konflikte ohne Wut oder Tränen zu lösen.

Fazit

Teilen, Geduld und soziale Regeln sind keine angeborenen Fähigkeiten – sie müssen erlernt werden. Eltern können ihr Kind dabei unterstützen, indem sie spielerisch soziale Situationen üben, Geduld in den Alltag integrieren und einfühlsam bei Konflikten helfen. Je mehr positive Erfahrungen Kinder mit dem Teilen und sozialen Miteinander machen, desto natürlicher wird es für sie, diese Fähigkeiten im Alltag anzuwenden.

23. Von kleinen Helfern zu verantwortungsvollen Kindern

Kinder sind von Natur aus neugierig und wollen an den Aufgaben der Erwachsenen teilhaben. Sie wollen mithelfen, nachmachen und sich nützlich fühlen. Doch oft neigen Eltern dazu, ihr Kind aus praktischen Gründen auszubremsen – sei es, weil es „zu lange dauert" oder weil sie befürchten, dass etwas schiefgeht. Dabei ist es entscheidend, Kinder früh in kleine Aufgaben einzubinden, um ihr Verantwortungsbewusstsein zu fördern. Durch altersgerechte Aufgaben lernen sie, dass sie ein wichtiger Teil der Familie sind.

23.1 Warum Kinder gerne helfen – wenn man sie lässt

Schon Zweijährige zeigen den Drang, mitzuhelfen. Sie wollen mit der Gießkanne hantieren, Wäsche in die Maschine werfen oder beim Kochen umrühren. Diese Begeisterung sollte nicht unterdrückt werden, denn sie bildet die Grundlage für eine verantwortungsbewusste Einstellung im späteren Leben.

Tipp:
Lass dein Kind kleine Aufgaben übernehmen, anstatt es auszubremsen. Auch wenn es länger dauert oder nicht perfekt ist, zählt das Erfolgserlebnis.

Beispiel:
Wenn dein Kind beim Staubsaugen helfen will, gib ihm ein kleines Handkehrset. Auch wenn es nicht perfekt sauber wird, fühlt es sich wertgeschätzt und beteiligt.

23.2 Altersgerechte Aufgaben im Haushalt

Kinder können früh lernen, Verantwortung zu übernehmen, aber die Aufgaben müssen ihrem Alter und ihren Fähigkeiten angepasst sein.

Beispiele für sinnvolle Aufgaben:

☑ **2–3 Jahre:** Spielzeug wegräumen, Servietten auf den Tisch legen, Wäsche in den Wäschekorb bringen

☑ **3–4 Jahre:** Besteck sortieren, einfache Lebensmittel in den Kühlschrank räumen, Pflanzen gießen

☑ **4–5 Jahre:** Tisch decken, eigenes Bett grob machen, mit dem Besen kehren

Wichtig ist, dass Eltern die Geduld aufbringen, ihrem Kind zu zeigen, wie es geht, anstatt Aufgaben aus Zeitgründen selbst zu erledigen.

23.3 Verantwortung spielerisch vermitteln

Kinder nehmen Aufgaben oft als „Arbeit" wahr, wenn sie als Pflicht dargestellt werden. Wird Verantwortung jedoch spielerisch vermittelt, macht es viel mehr Spaß.

Tipp:
Verwandle Aufgaben in kleine Spiele oder Wettbewerbe.

Beispiele:
„Wer findet die meisten Bauklötze und räumt sie auf?"
„Kannst du alle Teller an ihren Platz bringen, bevor die Musik aufhört?"
„Wie viele Karotten kannst du mir bringen?"

Solche spielerischen Elemente motivieren dein Kind, sich zu beteiligen, ohne dass es wie eine lästige Aufgabe wirkt.

23.4 Loben oder nicht loben – Wie motiviere ich mein Kind?

Lob ist ein wichtiges Mittel, um Kinder zu ermutigen. Doch nicht jedes Lob ist gleich wirkungsvoll. Allgemeine Aussagen wie *„Super gemacht!"* oder *„Toll, dass du hilfst!"* sind nett, aber wenig konkret. Viel hilfreicher ist gezieltes, beschreibendes Lob.

👉 Tipp:
Lobe spezifisch, damit dein Kind versteht, was es gut gemacht hat.

Besser als „Gut gemacht!" ist:
☑ „Du hast die Schuhe so ordentlich nebeneinander gestellt, das hilft uns allen!"

☑ „Danke, dass du mir beim Tischdecken geholfen hast. Jetzt können wir alle schneller essen."

Auf diese Weise verknüpft das Kind sein Verhalten mit einem positiven Effekt.

23.5 Selbstständigkeit fördern durch kleine Erfolge

Ein Kind, das Erfolgserlebnisse hat, wird selbstbewusster. Es fühlt sich kompetent und traut sich mehr zu.

👉 Tipp:
Lass dein Kind Herausforderungen selbst lösen, statt sofort einzugreifen.

Beispiel:
Wenn dein Kind versucht, seine Jacke zuzumachen, aber Schwierigkeiten hat, frag erst: *„Möchtest du es alleine probieren oder brauchst du Hilfe?"* Dadurch gibst du ihm die Möglichkeit, selbst nach Lösungen zu suchen.

Auch kleine Rituale helfen: Dein Kind kann morgens selbstständig seinen Rucksack packen oder sich einen Becher Wasser einschenken. Diese kleinen Schritte führen langfristig zu mehr Selbstständigkeit.

Fazit

Kinder lieben es, sich nützlich zu fühlen. Wer ihnen von klein auf zeigt, dass ihre Hilfe wichtig ist, fördert ihr Verantwortungsbewusstsein und Selbstvertrauen. Entscheidend ist, sie in alltägliche Aufgaben einzubeziehen, Aufgaben spielerisch zu gestalten und Erfolge bewusst zu loben. So wachsen sie Schritt für Schritt zu selbstständigen, verantwortungsvollen Persönlichkeiten heran.

24. Geschwisterbeziehungen und Rivalität

Geschwister sind die ersten sozialen Partner eines Kindes – oft Spielkameraden, manchmal aber auch Konkurrenten. Eine enge Geschwisterbeziehung kann eine lebenslange Freundschaft bedeuten, doch Streit und Eifersucht gehören genauso dazu. Eltern spielen eine entscheidende Rolle dabei, eine gesunde Geschwisterdynamik zu fördern. Wichtig ist, dass jedes Kind sich geliebt und wertgeschätzt fühlt, auch wenn es Phasen von Konflikten gibt.

24.1 Warum Geschwisterliebe nicht immer harmonisch ist

Eltern stellen sich oft vor, dass Geschwister automatisch beste Freunde werden.
Doch die Realität sieht anders aus: Jedes Kind hat eigene Bedürfnisse, Interessen
und Temperamente. Konflikte entstehen oft aus Konkurrenz um Aufmerksamkeit,
Spielzeug oder Freiraum.

👉 **Tipp:**
Erwarte nicht, dass dein Kind seinen Bruder oder seine Schwester immer gern hat.
Akzeptiere, dass Streit und Meinungsverschiedenheiten normal sind – wichtig ist,
dass dein Kind lernt, mit Konflikten umzugehen.

Beispiel:
Wenn dein Kind sagt: *„Ich mag meinen Bruder nicht!"*, reagiere nicht mit „Das darfst
du nicht sagen!", sondern frage nach: *„Warum bist du gerade wütend auf ihn?"*. So
fühlt sich dein Kind ernst genommen.

24.2 Eifersucht verstehen und auflösen

Eifersucht zwischen Geschwistern ist völlig normal – besonders, wenn ein neues
Baby in die Familie kommt oder ein Kind das Gefühl hat, benachteiligt zu werden.
Jedes Kind möchte sich geliebt und gesehen fühlen.

👉 **Tipp:**
Achte darauf, jedem Kind individuelle Aufmerksamkeit zu schenken. Schon wenige
Minuten Exklusivzeit mit jedem Kind können Wunder wirken.

Beispiel:
Plane bewusst kleine „Mama- oder Papa-Zeiten" für jedes Kind, zum Beispiel eine
gemeinsame Geschichte lesen oder ein kleines Spiel nur zu zweit. So fühlt sich jedes
Kind wertgeschätzt.

24.3 Gemeinsames Spielen ohne Streit – geht das?

Spielen kann Geschwister enger zusammenschweißen, aber auch zu Streit führen.
Besonders wenn eines der Kinder älter ist, kann es zu Ungleichheiten kommen.

👉 **Tipp:**
Wähle Spiele, die Zusammenarbeit statt Konkurrenz fördern, z. B. Puzzles oder
Bauprojekte.

Beispiel:
Wenn sich Geschwister beim Spielen streiten, hilf ihnen dabei, selbst eine Lösung zu
finden: *„Was könnten wir tun, damit beide Spaß haben?"*. Dadurch üben sie, Konflikte
eigenständig zu lösen.

24.4 Eltern als faire Vermittler

Eltern sollten vermeiden, ständig Partei zu ergreifen. Wenn immer nur ein Kind als „Schuldiger" dargestellt wird, kann das langfristig die Geschwisterbeziehung belasten.

👉 **Tipp:**
Höre beiden Seiten zu, bevor du entscheidest, wie du reagierst. Statt Schuld zuzuweisen, fördere Problemlösung: *„Wie fühlt sich dein Bruder/deine Schwester gerade?"*

Beispiel:
Wenn dein älteres Kind sich beschwert: *„Er hat mein Spielzeug genommen!"*, frage: *„Hast du ihm gesagt, dass du das nicht möchtest? Gibt es eine Möglichkeit, das Problem gemeinsam zu lösen?"*

24.5 Die besondere Rolle des großen Bruders oder kleinen Bruders

Jüngere Geschwister schauen oft zu den Älteren auf, während ältere Geschwister sich manchmal in ihrer Rolle als Vorbild unwohl fühlen.

👉 **Tipp:**
Bestärke dein älteres Kind in seiner Rolle, aber erwarte nicht, dass es sich immer „vernünftiger" verhält.

Beispiel:
Wenn das ältere Kind wütend ist, weil der kleine Bruder immer mitspielen will, sag nicht nur *„Lass ihn doch mitmachen!"*, sondern erkenne seine Gefühle an: *„Ich verstehe, dass du mal allein spielen willst. Wollen wir überlegen, wann ihr gemeinsam spielen könnt und wann du deine Ruhe hast?"*

Fazit

Geschwisterbeziehungen sind eine Mischung aus Liebe, Rivalität und lebenslangem Lernen. Eltern können helfen, indem sie Streitigkeiten nicht dramatisieren, Eifersucht vorbeugen und jedes Kind als individuelle Persönlichkeit wertschätzen. Mit der richtigen Unterstützung wachsen Geschwister zu starken, respektvollen Partnern fürs Leben heran.

25. Die ersten Ausflüge in die große Welt

Die ersten Unternehmungen mit einem Kleinkind außerhalb des vertrauten Zuhauses können aufregend und herausfordernd zugleich sein. Ob ein Friseurbesuch, Einkaufen oder der erste Restaurantbesuch – Kinder müssen lernen, sich in der Öffentlichkeit zurechtzufinden und sich an neue Regeln anzupassen. Mit der richtigen Vorbereitung und einer entspannten Herangehensweise können diese Erfahrungen jedoch positiv gestaltet werden.

25.1 Der erste Friseurbesuch ohne Tränen

Viele Kinder fürchten den ersten Haarschnitt. Die ungewohnte Umgebung, der laute Föhn und das Gefühl, dass jemand an ihren Haaren schneidet, können beängstigend sein.

👉 Tipp:
Bereite dein Kind spielerisch auf den Friseurbesuch vor. Erkläre ihm, was passieren wird, und spielt „Friseur" mit Puppen oder Kuscheltieren.

Beispiel:
Sag: *„Der Friseur macht nur deine Haare ein bisschen kürzer, so wie wenn wir deine Nägel schneiden. Es tut nicht weh!"* Ein vertrauter Gegenstand wie ein Kuscheltier kann ebenfalls helfen, Sicherheit zu vermitteln.

25.2 Einkaufen mit einem Kleinkind – eine Geduldsprobe?

Supermärkte sind für Kinder eine riesige Spielwiese voller Farben, Geräusche und interessanter Dinge. Doch sie können sich auch schnell langweilen oder überfordert fühlen.

👉 Tipp:
Beziehe dein Kind aktiv ins Einkaufen ein, damit es beschäftigt ist und sich nicht nur als Begleiter fühlt.

Beispiel:
Gib deinem Kind eine kleine Aufgabe: *„Kannst du mir helfen, die Äpfel in den Wagen zu legen?"* oder *„Halt bitte den Einkaufszettel und sag mir, was als Nächstes draufsteht."* So fühlt es sich einbezogen und weniger gelangweilt.

25.3 Restaurantbesuche mit einem energiegeladenen Kind

Ein Restaurantbesuch mit einem Kleinkind kann eine Herausforderung sein – langes Warten, ungewohnte Speisen und begrenzter Bewegungsspielraum können schnell zu Frust führen.

👉 Tipp:
Wähle kinderfreundliche Restaurants und bringe kleine Beschäftigungen mit, wie ein Malbuch oder ein kleines Spielzeug.

Beispiel:
Bestelle das Essen für dein Kind zuerst oder bringe eine kleine Brotstange oder Obststücke mit, damit es während der Wartezeit etwas zu knabbern hat.

25.4 Erste Erfahrungen im Straßenverkehr

Das richtige Verhalten im Straßenverkehr muss früh gelernt werden. Besonders
kleine Kinder handeln oft impulsiv und müssen schrittweise lernen, sicher unterwegs
zu sein.

👉 **Tipp:**
Erkläre deinem Kind die wichtigsten Regeln mit einfachen, klaren Anweisungen: *„Wir
bleiben immer an der Hand, wenn wir die Straße überqueren."*

Beispiel:
Übe spielerisch das Stehenbleiben an einer Bordsteinkante mit dem Satz: *„Stopp wie
eine Statue!"* So wird es zur Gewohnheit, vor dem Überqueren einer Straße
innezuhalten.

25.5 Regeln außerhalb des Hauses spielerisch vermitteln

Kinder müssen lernen, dass sich manche Regeln je nach Umgebung unterscheiden.
Während sie zu Hause laut toben dürfen, gilt in einer Bibliothek oder einem
Restaurant eine andere Lautstärke.

👉 **Tipp:**
Vermittle Regeln spielerisch statt durch reine Verbote. Statt *„Sei nicht so laut!"*
könntest du sagen: *„Lass uns eine Flüsterrunde machen. Wer kann am längsten
flüstern?"*

Beispiel:
Vor einem Arztbesuch kannst du mit deinem Kind eine „Arztpraxis" zu Hause
nachspielen. So versteht es, was passieren wird, und fühlt sich sicherer.

Fazit

Die ersten Ausflüge mit einem Kleinkind sind eine aufregende Zeit voller neuer
Erfahrungen. Mit guter Vorbereitung, spielerischer Vermittlung von Regeln und
Geduld können Eltern dazu beitragen, dass ihr Kind sich Schritt für Schritt sicher in
der Welt bewegt. So werden alltägliche Situationen zu wertvollen Lernmomenten für
das ganze Leben.

---

26. Naturverbundenheit fördern – Kleine Entdecker in der Wildnis

Kinder lieben es, die Natur zu erkunden. Draußen gibt es unendlich viel zu
entdecken: das Rascheln der Blätter, das Summen der Bienen und den weichen
Matsch unter den Füßen. Durch den Kontakt mit der Natur lernen Kinder nicht nur
viel über ihre Umwelt, sondern entwickeln auch ein tiefes Gefühl der Verbundenheit
mit ihr. Doch in einer zunehmend digitalisierten Welt verbringen viele Kinder immer
weniger Zeit draußen. Dabei ist es gerade für ihre körperliche und geistige
Entwicklung essenziell, Naturerfahrungen zu sammeln.

26.1 Warum Kinder Schmutz lieben – und warum das gut ist

Pfützenspringen, mit Sand matschen und mit bloßen Händen im Dreck wühlen – für viele Eltern bedeutet das zusätzliche Wäscheladungen, doch für Kinder ist es ein wichtiger Lernprozess.

👉 Tipp:
Erlaube deinem Kind, sich schmutzig zu machen. Dreck ist nicht gefährlich, sondern ein natürlicher Bestandteil der Kindheit und kann sogar das Immunsystem stärken.

Beispiel:
Statt zu sagen: *„Pass auf, dass du dich nicht schmutzig machst!"*, sage: *„Du darfst spielen, aber wir waschen uns danach die Hände."* So kann dein Kind die Natur entdecken, ohne dass es sich eingeschränkt fühlt.

26.2 Erste Garten- und Naturerfahrungen

Ein eigener kleiner Garten oder ein Hochbeet auf dem Balkon kann Kinder spielerisch an die Natur heranführen. Selbst das Pflanzen und Beobachten einer einzigen Sonnenblume ist eine wertvolle Erfahrung.

👉 Tipp:
Lass dein Kind selbst eine Pflanze aussuchen und dafür verantwortlich sein. So kann es hautnah erleben, wie etwas wächst und gedeiht.

Beispiel:
Pflanzt zusammen Kräuter wie Basilikum oder Petersilie und lasst dein Kind täglich gießen. Es wird begeistert sein, wenn es irgendwann seine eigenen Kräuter essen kann.

26.3 Tiere beobachten und respektieren

Kinder haben oft eine natürliche Faszination für Tiere. Doch sie müssen erst lernen, Tiere nicht nur zu bestaunen, sondern auch respektvoll mit ihnen umzugehen.

👉 Tipp:
Zeige deinem Kind, wie man sich vorsichtig Tieren nähert und warum man Wildtiere nicht stören sollte.

Beispiel:
Wenn ihr einen Marienkäfer entdeckt, erkläre: *„Schau mal, wie klein er ist! Wir lassen ihn in Ruhe krabbeln, damit er sich sicher fühlt."* So lernt dein Kind, Tiere zu bewundern, ohne sie zu bedrängen.

26.4 Barfuß laufen, Matschepfützen und Sinneserfahrungen

Barfuß über Wiesen laufen, durch Sand graben oder Regen auf der Haut spüren – all das sind wichtige Sinneserfahrungen, die Kinder in ihrer motorischen Entwicklung fördern.

👉 **Tipp:**

Lass dein Kind gelegentlich barfuß laufen, besonders auf weichen Untergründen wie Gras oder Sand. Das stärkt die Fußmuskulatur und verbessert das Gleichgewicht.

Beispiel:

Macht ein Barfuß-Abenteuer im Garten oder Wald: *„Wie fühlt sich der Boden an? Ist er weich oder hart?"* So wird die Natur mit allen Sinnen wahrgenommen.

26.5 Kleine Naturforscher – Ausflüge ins Grüne

Die Natur steckt voller kleiner Wunder, die es zu entdecken gibt. Ob Wald, Wiese oder Bach – überall gibt es spannende Dinge zu erforschen.

👉 **Tipp:**

Plane regelmäßige Naturausflüge, bei denen dein Kind selbst kleine Entdeckungen machen kann.

Beispiel:

Macht eine „Schatzsuche" im Wald: *„Wer findet ein Blatt mit Zacken? Wer entdeckt einen Käfer?"* Das weckt die Neugier und stärkt die Verbindung zur Natur.

Fazit

Kinder profitieren enorm davon, Zeit in der Natur zu verbringen. Sie entdecken spielerisch die Welt, entwickeln Respekt für die Umwelt und stärken ihre Sinne. Eltern können durch einfache Aktivitäten wie Gärtnern, Tierbeobachtung oder Naturspiele dazu beitragen, dass ihr Kind eine tiefe Naturverbundenheit entwickelt – eine wertvolle Grundlage für ein gesundes Leben.

27. Konflikte unter Gleichaltrigen verstehen und lösen

Kinder geraten oft in Streit – sei es um ein Spielzeug, einen Platz auf der Schaukel oder darum, wer als Erstes rutschen darf. Konflikte unter Gleichaltrigen sind nicht nur normal, sondern auch eine wertvolle Gelegenheit, soziale Kompetenzen zu erlernen. Eltern sollten nicht jeden Streit sofort schlichten, sondern ihren Kindern helfen, selbst eine Lösung zu finden. Dabei geht es darum, Empathie zu fördern, gewaltfreie Kommunikation zu lernen und konstruktiv mit Frustration umzugehen.

27.1 Warum Kinder streiten – und was dahinter steckt

Kinder streiten aus vielen Gründen: Sie wollen dasselbe Spielzeug, fühlen sich ungerecht behandelt oder haben unterschiedliche Vorstellungen vom gemeinsamen Spiel. Oft ist Streit auch Ausdruck von Frustration oder Überforderung.

👉 **Tipp:**
Beobachte zuerst, bevor du eingreifst. Manchmal lösen Kinder ihre Konflikte selbst, ohne dass Erwachsene eingreifen müssen.

Beispiel:
Wenn zwei Kinder um ein Spielzeug kämpfen, frage: *„Wie könnten wir das so lösen, dass beide zufrieden sind?"* So werden sie angeregt, selbst eine Lösung zu finden.

27.2 Wann Eltern eingreifen sollten und wann nicht

Nicht jeder Streit braucht eine elterliche Intervention. Kinder lernen durch Auseinandersetzungen, ihre sozialen Fähigkeiten zu entwickeln. Allerdings gibt es Situationen, in denen Eltern einschreiten müssen – etwa wenn es zu körperlicher Gewalt oder unfairen Machtverhältnissen kommt.

👉 **Tipp:**
Wenn ein Streit aus dem Ruder läuft, bleibe ruhig und hilf den Kindern, die Situation zu reflektieren.

Beispiel:
Anstatt direkt Schuld zuzuweisen („Hör auf, das zu tun!"), frage: *„Was ist passiert? Wie fühlt ihr euch beide dabei?"* So lernen Kinder, sich in andere hineinzuversetzen.

27.3 Einfache Wege zur Konfliktlösung für Kinder

Kinder brauchen Strategien, um Konflikte selbst zu lösen. Sie müssen lernen, Bedürfnisse zu äußern, Kompromisse zu finden und gemeinsam Lösungen zu erarbeiten.

👉 **Tipp:**
Bringe deinem Kind einfache Kommunikationsregeln bei:
- ☑ „Sag, was du möchtest, ohne zu schreien."
- ☑ „Höre zu, was der andere sagt."
- ☑ „Überlegt gemeinsam eine Lösung."

Beispiel:
Wenn ein Kind einem anderen etwas wegnimmt, kannst du sagen: *„Frage ihn, ob ihr euch abwechseln könnt."* Dadurch lernt es, Konflikte verbal statt durch Frust oder Wut zu lösen.

27.4 Gewaltfrei kommunizieren lernen

Kinder müssen erst lernen, dass es Wege gibt, Wut oder Enttäuschung ohne Schlagen oder Schreien auszudrücken. Eltern können helfen, indem sie alternatives Verhalten aufzeigen.

👉 **Tipp:**
Übe mit deinem Kind Sätze wie:
- ☑ „Ich bin wütend, weil ich auch spielen möchte."
- ☑ „Das macht mich traurig, wenn du mich wegstößt."

Beispiel:
Spiele Rollenspiele mit deinem Kind, um verschiedene Konfliktsituationen nachzustellen und mögliche Reaktionen zu üben.

27.5 Freunde finden und Freundschaften pflegen

Freundschaften sind für Kinder enorm wichtig, aber sie sind auch mit Herausforderungen verbunden. Kleine Kinder müssen erst lernen, was es bedeutet, ein guter Freund zu sein.

👉 **Tipp:**
Erkläre deinem Kind, dass Freundschaft Geben und Nehmen bedeutet.

Beispiel:
Wenn dein Kind traurig ist, weil ein Freund nicht mit ihm spielen will, frage: *„Wie würdest du dich fühlen, wenn du müde bist und alleine spielen möchtest?"* So lernt es, Verständnis für andere zu entwickeln.

Fazit

Konflikte gehören zum Aufwachsen dazu und sind eine Chance, wichtige soziale Fähigkeiten zu erlernen. Eltern sollten nicht sofort eingreifen, sondern Kinder ermutigen, selbst Lösungen zu finden. Durch gewaltfreie Kommunikation, Kompromisse und Empathie lernen Kinder, friedlich miteinander umzugehen – eine Fähigkeit, die sie ihr Leben lang begleiten wird.

---

28. Feste und Traditionen in der Kindererziehung

Feste und Traditionen sind für Kinder weit mehr als nur besondere Tage im Jahr. Sie geben Sicherheit, stärken das Zusammengehörigkeitsgefühl und schaffen wertvolle Erinnerungen. Ob Geburtstage, Weihnachten, Ostern oder selbst erfundene Familienrituale – regelmäßige Feste und Traditionen geben dem Kind Orientierung und lassen es tiefer in die Gemeinschaft hineinwachsen. Eltern können mit kleinen, liebevollen Ritualen dafür sorgen, dass ihr Kind sich geborgen fühlt und gleichzeitig Werte wie Dankbarkeit, Freude und Zusammenhalt vermittelt bekommt.

28.1 Warum Feste Kindern Sicherheit geben

Kinder leben in einem Alltag voller neuer Eindrücke und Herausforderungen. Feste und Rituale geben ihnen eine Struktur, an der sie sich orientieren können. Wenn bestimmte Ereignisse regelmäßig gefeiert werden, lernen Kinder, dass sie sich darauf verlassen können.

👉 Tipp:
Erkläre deinem Kind, warum bestimmte Feste gefeiert werden, und mache es zu einem aktiven Teil des Geschehens.

Beispiel:
Sage nicht nur: *„Heute ist Weihnachten"*, sondern erzähle deinem Kind die Bedeutung dahinter: *„Weihnachten ist ein Fest der Familie, an dem wir zusammenkommen und uns freuen."* So versteht es, dass hinter jedem Fest mehr steckt als Geschenke oder Essen.

28.2 Eigene Familientraditionen erschaffen

Neben den klassischen Feiertagen können Familien auch eigene Traditionen schaffen, die zu einem festen Bestandteil des Lebens werden.

👉 Tipp:
Erfinde kleine Rituale, die euer Familienleben bereichern und die dein Kind mit positiven Erinnerungen verbindet.

Beispiel:
📅 *„Jeden Sonntag gibt es ein Familienfrühstück mit selbstgebackenen Brötchen."*
📖 *„Vor dem Schlafengehen erzählen wir uns eine schöne Sache, die heute passiert ist."*
⭐ *„Zum Geburtstag darf sich das Geburtstagskind das Abendessen wünschen."*

Solche Rituale fördern die Bindung und geben dem Kind ein Gefühl von Stabilität.

28.3 Feiern ohne Stress – der kindgerechte Geburtstag

Kindergeburtstage sind oft ein Highlight im Jahr, doch sie können für Eltern schnell in Stress ausarten. Dabei kommt es nicht auf Perfektion oder teure Geschenke an, sondern darauf, dass das Kind sich gesehen und gefeiert fühlt.

👉 Tipp:
Halte den Geburtstag einfach, aber liebevoll gestaltet. Zu viele Gäste oder ein überladenes Programm können ein Kind schnell überfordern.

Beispiel:
Statt einer riesigen Party reicht manchmal ein kleines Picknick mit den engsten Freunden und ein paar lustigen Spielen. Wichtig ist, dass das Geburtstagskind im Mittelpunkt steht und sich wohlfühlt.

28.4 Advent, Ostern & Co.: Wie man Feste für Kinder spannend macht

Feste wie Weihnachten oder Ostern sind für Kinder besonders aufregend. Doch sie sind nicht nur wegen der Geschenke oder Süßigkeiten wichtig, sondern auch, weil sie mit gemeinsamen Erlebnissen verbunden sind.

👉 **Tipp:**
Lass dein Kind in die Vorbereitungen einbezogen werden – sei es beim Backen, Dekorieren oder Basteln von Geschenken.

Beispiel:
🐰 Zu Ostern kann dein Kind beim Eierfärben helfen.

🎄 An Weihnachten darf es selbst eine kleine Dekoration für den Baum basteln.

🕯 Im Advent könnt ihr gemeinsam Kerzen anzünden und Geschichten lesen.

So wird das Fest greifbarer und persönlicher.

28.5 Rituale zur Stärkung der Familie

Feste und Traditionen stärken das Familiengefühl. Sie sind Momente, in denen alle zusammenkommen und bewusst Zeit miteinander verbringen.

👉 **Tipp:**
Plane regelmäßige Rituale, bei denen es nicht um materielle Dinge geht, sondern um gemeinsame Erlebnisse.

Beispiel:
🎥 Ein Familienfilmabend einmal im Monat.

📖 Ein gemeinsames Vorleseritual am Sonntagmorgen.

🥾 Eine jährliche Wanderung an einem besonderen Tag.

Solche Rituale sind wertvolle Ankerpunkte im Leben eines Kindes und hinterlassen bleibende Erinnerungen.

Fazit

Feste und Traditionen sind mehr als nur schöne Momente – sie geben Kindern Sicherheit, fördern den Familienzusammenhalt und vermitteln Werte. Ob große Feiertage oder kleine alltägliche Rituale, sie machen das Familienleben reicher und sorgen für unvergessliche Erinnerungen. Eltern können mit einfachen, liebevollen Gesten dafür sorgen, dass ihr Kind sich auf diese besonderen Momente freut und sie als wertvollen Teil seines Lebens wahrnimmt.

29. Die Rolle von Märchen und Geschichten in der Erziehung

Geschichten sind seit jeher ein wichtiger Bestandteil der Kindheit. Sie eröffnen neue Welten, wecken die Fantasie und helfen Kindern, die Welt um sich herum zu verstehen. Märchen und Geschichten vermitteln Werte, zeigen Lösungsmöglichkeiten für Probleme und stärken emotionale Kompetenzen. Eltern können das Geschichtenerzählen gezielt nutzen, um ihr Kind spielerisch zu fördern und ihm wichtige Botschaften mit auf den Weg zu geben.

29.1 Warum Kinder Geschichten lieben

Kinder sind von Natur aus fasziniert von Geschichten. Sie hören gespannt zu, fiebern mit den Helden mit und lassen sich in fremde Welten entführen. Geschichten sprechen ihre Vorstellungskraft an und helfen ihnen, sich mit den Figuren zu identifizieren.

👉 **Tipp:**
Lies nicht nur Geschichten vor, sondern erzähle sie auch frei – so kann dein Kind Fragen stellen oder sogar mitgestalten.

Beispiel:
Anstatt einfach ein Buch zu lesen, frage dein Kind: *„Was denkst du, passiert als Nächstes?"* oder *„Wie würdest du das Märchen enden lassen?"* So wird es aktiv einbezogen und regt seine Kreativität an.

29.2 Welche Märchen sind geeignet?

Märchen haben oft eine tiefere Bedeutung und vermitteln moralische Lektionen. Allerdings gibt es auch sehr düstere Geschichten, die für kleine Kinder noch nicht geeignet sind.

👉 **Tipp:**
Wähle Märchen und Geschichten aus, die dem Alter deines Kindes entsprechen. Manche klassischen Märchen enthalten angsteinflößende Elemente, die für jüngere Kinder angepasst werden sollten.

Beispiel:
Statt „Hänsel und Gretel" in voller Länge kannst du eine abgemilderte Version erzählen, in der die Kinder gemeinsam eine Lösung finden, ohne dass die Hexe zu bedrohlich wirkt.

29.3 Vorlesen als tägliches Ritual

Das tägliche Vorlesen stärkt die Bindung zwischen Eltern und Kind und schafft eine entspannte Atmosphäre. Es fördert die Sprachentwicklung, die Konzentration und das Verständnis für Zusammenhänge.

Richte eine feste Vorlesezeit ein – etwa vor dem Schlafengehen oder nach dem Mittagessen.

Beispiel:

Lass dein Kind ein Buch aussuchen und mache das Vorlesen zu einem festen Ritual: *„Jetzt ist unsere Märchenzeit – such dir eine Geschichte aus!"*

29.4 Geschichten als Werkzeug für Wertevermittlung

Märchen und Geschichten vermitteln oft grundlegende Werte wie Ehrlichkeit, Mut oder Hilfsbereitschaft. Kinder lernen durch die Abenteuer der Figuren, dass Herausforderungen gemeistert werden können und dass gute Taten belohnt werden.

Tipp:

Nach einer Geschichte kannst du mit deinem Kind darüber sprechen, was es daraus gelernt hat.

Beispiel:

Nach dem Lesen von „Der Froschkönig" könntest du fragen: *„Warum hält die Prinzessin ihr Versprechen? Warum ist das wichtig?"* So wird dein Kind angeregt, über Werte nachzudenken.

29.5 Eigene Geschichten erfinden und erzählen

Kinder haben eine unglaubliche Vorstellungskraft. Sie lieben es, sich Geschichten auszudenken und eigene Fantasiewelten zu erschaffen.

Tipp:

Ermutige dein Kind, selbst Geschichten zu erfinden – vielleicht gemeinsam mit dir.

Beispiel:

Beginne eine Geschichte und lasse dein Kind sie fortsetzen: *„Es war einmal ein kleiner Drache, der nicht fliegen konnte... Was denkst du, passiert dann?"* So wird nicht nur die Kreativität gefördert, sondern auch das Selbstbewusstsein gestärkt.

Fazit

Märchen und Geschichten sind ein wertvolles Erziehungswerkzeug. Sie fördern die Fantasie, vermitteln Werte und stärken die Bindung zwischen Eltern und Kind. Durch regelmäßiges Vorlesen, gemeinsames Erzählen und kreative Ansätze wird das Kind nicht nur sprachlich gefördert, sondern lernt auch, sich mit Emotionen und Herausforderungen auseinanderzusetzen. Geschichten sind weit mehr als nur Unterhaltung – sie sind eine Brücke zur inneren Welt des Kindes und ein wertvolles Mittel zur Entwicklung sozialer und emotionaler Kompetenzen.

30. Der Weg in die Vorschule – Vorbereitung auf die nächste große Etappe

Der Übergang von der Kleinkindzeit in die Vorschule ist ein großer Schritt für jedes Kind – und für die Eltern. Es ist eine Phase voller neuer Herausforderungen, aber auch voller Chancen. Eltern möchten ihr Kind bestmöglich vorbereiten, doch oft besteht die Sorge, ob es den Anforderungen gewachsen ist. Dabei geht es nicht darum, dass Kinder schon vor der Schule lesen oder rechnen können, sondern dass sie mit Freude lernen, soziale Kompetenzen entwickeln und neugierig bleiben.

30.1 Warum Vorschulbildung nicht mit Druck verbunden sein sollte

Viele Eltern befürchten, dass ihr Kind nicht „fit genug" für die Schule ist. Doch Druck ist hier der falsche Weg. Kinder lernen am besten durch spielerische Erfahrungen und nicht durch erzwungene Wissensvermittlung.

☞ Tipp:
Ermögliche deinem Kind eine Umgebung, in der es durch eigene Neugier lernen kann, statt gezielt Schulstoff zu üben.

Beispiel:
Anstatt deinem Kind das Alphabet auswendig beizubringen, könnt ihr gemeinsam Buchstaben im Alltag entdecken – auf Schildern, in Büchern oder in Spielzeugverpackungen.

30.2 Lernfreude statt Leistungsgedanke fördern

Das Wichtigste, was ein Kind für die Vorschule mitbringen sollte, ist nicht ein bestimmter Wissensstand, sondern die Freude am Lernen. Ein neugieriges Kind wird sich leichter tun, sich neues Wissen anzueignen.

☞ Tipp:
Statt stumpfem Üben kannst du spielerische Lernmomente in den Alltag einbauen.

Beispiel:
Beim Einkaufen könnt ihr gemeinsam zählen: *„Wie viele Äpfel legen wir in den Korb?"*. Das fördert ganz nebenbei mathematisches Verständnis.

30.3 Spielerisches Lernen für die Schulvorbereitung

Kinder lernen durch Spielen – sei es sprachlich, motorisch oder sozial. Eine gute Vorbereitung auf die Vorschule bedeutet daher nicht, Arbeitsblätter auszufüllen, sondern durch verschiedene Spiele wichtige Fähigkeiten zu entwickeln.

☞ Tipp:
Nutze Alltagsmomente, um spielerisch zu fördern:
☑ Puzzle und Bauspiele für die Feinmotorik

☑ Gesellschaftsspiele für das Verstehen von Regeln
☑ Rollenspiele für sprachliche und soziale Fähigkeiten

Beispiel:
Beim Basteln mit Schere und Kleber trainiert dein Kind nicht nur seine Kreativität, sondern auch seine Handkoordination – eine wichtige Grundlage fürs spätere Schreiben.

30.4 Abschied vom Kleinkindalter – ein neuer Lebensabschnitt beginnt

Für viele Eltern ist der Übergang in die Vorschule auch ein emotionaler Einschnitt: Das Kind wird größer, selbstständiger und macht erste Schritte in eine neue Welt.

☞ Tipp:
Begleite diesen Prozess bewusst und mache ihn zu etwas Positivem.

Beispiel:
Gestalte gemeinsam mit deinem Kind eine „Schulstarter-Kiste", in die es Dinge legen kann, die es für seinen neuen Lebensabschnitt braucht – ein neues Mäppchen, eine Lieblingsgeschichte oder ein Mutmach-Talisman.

30.5 Wie Eltern den Übergang entspannt gestalten können

Der Abschied vom Kindergarten oder von der gewohnten Umgebung kann Unsicherheiten auslösen. Eine sanfte Vorbereitung hilft dabei, Ängste zu reduzieren und Vorfreude zu wecken.

☞ Tipp:
Sprich mit deinem Kind offen über die neue Situation und beantworte seine Fragen.

Beispiel:
Macht einen gemeinsamen Spaziergang zur neuen Schule oder Vorschule, um die Umgebung kennenzulernen. So fühlt sich dein Kind dort nicht fremd, wenn der erste Tag kommt.

Fazit

Der Übergang in die Vorschule ist ein bedeutender Schritt im Leben eines Kindes. Mit spielerischer Vorbereitung, einer positiven Einstellung und ohne Druck kann das Kind diese Phase als spannende Herausforderung erleben. Eltern können durch liebevolle Begleitung dafür sorgen, dass ihr Kind voller Neugier und Selbstvertrauen in seinen neuen Lebensabschnitt startet.

Die wunderbare Reise der frühen Kindheit – Eine positive Zusammenfassung

Die Erziehung eines 2- bis 5-jährigen Jungen ist eine besondere Zeit voller Herausforderungen, aber auch voller einzigartiger Momente, die das Fundament für seine gesamte Entwicklung legen. In diesen ersten Jahren lernt ein Kind nicht nur grundlegende Fähigkeiten wie Laufen, Sprechen und soziale Interaktion, sondern auch Werte, die es sein ganzes Leben begleiten werden. Eltern sind dabei seine wichtigsten Begleiter – sie geben ihm Sicherheit, Orientierung und Liebe.

Jeder Junge ist einzigartig. Manche sind wild und energiegeladen, andere eher vorsichtig und nachdenklich. Manche lieben Bücher, andere können nicht stillsitzen. Doch egal, welche Persönlichkeit sich entwickelt, alle Kinder haben eines gemeinsam: Sie brauchen eine starke, liebevolle Begleitung, um sich sicher in der Welt zurechtzufinden.

In diesem Buch haben wir viele Aspekte der Erziehung behandelt – vom Umgang mit Trotzanfällen über die Bedeutung von Ritualen bis hin zur Förderung von Selbstständigkeit. Diese Zusammenfassung soll die zentralen Botschaften noch einmal in einem positiven Licht darstellen und Mut machen: Elternschaft ist nicht perfekt, aber voller Gelegenheiten, das Leben eines Kindes mit Liebe und Verständnis zu bereichern.

Die ersten Jahre sind eine Zeit der Entdeckung

Ein kleiner Junge betrachtet die Welt mit neugierigen Augen. Jedes Geräusch, jeder Stein auf dem Boden, jede neue Begegnung ist für ihn eine Chance zu lernen. Diese Phase ist geprägt von staunendem Entdecken, aber auch von intensiven Emotionen.

Tipp:
Lass dein Kind die Welt erforschen, auch wenn es manchmal bedeutet, dass die Kleidung schmutzig wird oder das Wohnzimmer in ein Spielzeugparadies verwandelt wird. Kinder lernen durch Erleben – und das beste Lernen geschieht in einer Umgebung, in der sie sich sicher fühlen.

Beispiel:
Statt dein Kind davor zu bewahren, durch Pfützen zu springen, könntest du mit ihm zusammen springen und das Erlebnis genießen.

Kommunikation ist der Schlüssel

Kinder verstehen oft mehr, als wir denken, auch wenn sie noch nicht perfekt sprechen können. Sie drücken sich durch Mimik, Körpersprache und manchmal auch durch Wutanfälle aus, weil ihnen die Worte fehlen.

Tipp:
Versuche, auf die Signale deines Kindes zu achten. Höre nicht nur auf die Worte, sondern auch auf seine Körpersprache. Kinder brauchen das Gefühl, dass sie gehört und verstanden werden.

Beispiel:
Wenn dein Kind frustriert ist, statt nur „Beruhige dich!" zu sagen, könntest du fragen:
*„Bist du gerade wütend, weil du nicht spielen kannst? Lass uns gemeinsam eine
Lösung finden."*

Trotz ist nichts Schlechtes – sondern ein Entwicklungsschritt

Jeder kennt sie – die berühmten Trotzanfälle im Supermarkt oder zu Hause. Doch
Trotz ist nichts anderes als ein Ausdruck wachsender Eigenständigkeit. Kinder wollen
selbst entscheiden und ausprobieren, wo ihre Grenzen liegen.

👉 Tipp:
Bleibe ruhig und geduldig. Wutanfälle sind für Kinder ein Weg, Emotionen zu
verarbeiten. Setze liebevolle, aber klare Grenzen, an denen sich dein Kind
orientieren kann.

Beispiel:
Statt zu sagen: *„Hör auf zu weinen, du bekommst das nicht!"*, könntest du sagen: *„Ich
verstehe, dass du das möchtest. Aber wir kaufen heute keine Süßigkeiten. Vielleicht
kannst du dir etwas für deinen Geburtstag wünschen."*

Rituale und Strukturen geben Sicherheit

Kinder lieben Wiederholungen. Sie fühlen sich sicher, wenn der Tag vorhersehbar ist,
wenn es feste Abläufe gibt. Morgen- und Abendrituale helfen ihnen, sich im Alltag zu
orientieren.

👉 Tipp:
Einfache Routinen wie eine Gutenachtgeschichte, ein gemeinsames Frühstück oder
ein Begrüßungsritual nach der Kita können Wunder wirken.

Beispiel:
Ein gemeinsames Lied vor dem Schlafengehen signalisiert deinem Kind, dass die
aufregenden Abenteuer des Tages nun enden und eine ruhige Nacht bevorsteht.

Bewegung ist essenziell für Jungen

Jungen haben oft einen natürlichen Drang nach Bewegung. Sie rennen, springen,
klettern – manchmal zum Leidwesen der Eltern. Doch Bewegung ist nicht nur ein
Energieabbau, sondern wichtig für die Entwicklung von Motorik und Körpergefühl.

👉 Tipp:
Gib deinem Kind täglich die Möglichkeit, sich auszutoben – sei es im Garten, auf dem
Spielplatz oder durch sportliche Aktivitäten.

Beispiel:
Wenn dein Kind nicht ruhig sitzen kann, versuche spielerisch Bewegung einzubauen:
„Springe zehn Mal wie ein Frosch, bevor wir uns zum Essen setzen."

Freundschaften und soziale Kompetenzen entwickeln

Kinder lernen durch den Umgang mit Gleichaltrigen, was es bedeutet zu teilen, sich abzuwechseln und Konflikte zu lösen.

Tipp:
Gib deinem Kind Gelegenheiten, mit anderen Kindern zu spielen, aber erwarte nicht, dass es sofort perfekt sozial agiert.

Beispiel:
Wenn es einen Streit um ein Spielzeug gibt, hilf dabei, Lösungen zu finden: *„Wie könnten wir es so machen, dass ihr beide glücklich seid?"*

Schlaf ist kein Luxus – sondern eine Notwendigkeit

Viele kleine Jungen haben Probleme mit dem Einschlafen oder schlafen unruhig. Schlafmangel führt zu mehr Wutanfällen und Erschöpfung.

Tipp:
Achte auf eine ruhige Abendroutine und vermeide Bildschirmzeit kurz vor dem Schlafengehen.

Beispiel:
Ein warmes Bad, eine Geschichte und ein Nachtlicht können helfen, den Übergang vom Tag zur Nacht sanft zu gestalten.

Kinder müssen Verantwortung lernen – aber kindgerecht

Kinder lieben es, Aufgaben zu übernehmen, wenn sie altersgerecht sind. Sie wollen mithelfen und sich als wichtiger Teil der Familie fühlen.

Tipp:
Lass dein Kind kleine Aufgaben übernehmen, etwa Tisch decken oder die Pflanzen gießen.

Beispiel:
Lobe nicht nur allgemein („Gut gemacht!"), sondern konkret: *„Toll, dass du die Servietten auf den Tisch gelegt hast – das hilft uns sehr!"*

Geschichten als Schlüssel zur Fantasie

Märchen und Geschichten sind ein wertvolles Werkzeug in der Erziehung. Sie fördern Fantasie, Sprachentwicklung und Werteverständnis.

👉 **Tipp:**
Lies regelmäßig vor oder erfinde eigene Geschichten mit deinem Kind.

Beispiel:
Lass dein Kind eine Geschichte mitgestalten: *„Was glaubst du, was als Nächstes passiert?"*

Fazit: Elternschaft ist eine Reise, kein Wettbewerb

Es gibt keine perfekte Erziehung, keine fehlerfreie Elternschaft. Was zählt, ist die Liebe, Geduld und die Bereitschaft, sein Kind zu begleiten, es zu verstehen und ihm die besten Werkzeuge für sein Leben mitzugeben.

Jeder Moment mit deinem Kind ist eine Gelegenheit, zu lernen, zu lachen und gemeinsam zu wachsen. Die Erziehung eines kleinen Jungen mag manchmal anstrengend sein – aber sie ist vor allem eines: eine wunderschöne Reise voller unvergesslicher Erlebnisse.

Erinnere dich daran: Dein Kind braucht keine perfekten Eltern, sondern liebevolle Begleiter. 🖤

Widmung

Diese Broschüre wurde von **Alexander Gaal** verfasst, der selbst stolzer Großvater ist. Sie ist seinem zweijährigen Enkelsohn **Bence** gewidmet – mit der Hoffnung, dass er mit Liebe, Freude und Geborgenheit aufwächst und sich mit Neugier und Mut in der Welt entfaltet. Ebenso gilt diese Widmung seinen Eltern, **Franciska und Bence**, die ihm mit Geduld, Liebe und Fürsorge den Weg in ein glückliches und erfülltes Leben ebnen. Möge dieses Werk sie in ihrer wundervollen Aufgabe begleiten und bestärken.

Verlag: BoD · Books on Demand GmbH, In de Tarpen 42,
22848 Norderstedt, bod@bod.de
Druck: Libri Plureos GmbH, Friedensallee 273, 22763 Hamburg
ISBN: 978-3-8370-1648-2